QINGSHAONIAN PEIYANG HAODE XUEXI XINGQU BINGBUNAN

青少年培养好的学习兴趣并不难

余霞 编著

发现和创造新知识的能力是推动现代社会发展的关键。为了实现自我的终身学习和创造活动，我们的重点必须从"学会"走向"会学"，即培养一种创新性学习能力。每个孩子都有自己的兴趣，只要父母善于发掘，精心培养，善加引导，任何一个孩子都可以成为"毕加索"，任何一个孩子都可以成为"爱因斯坦"，任何一个孩子都可以成为"莫扎特"。总之，只要有兴趣，任何一个孩子都可以发出耀眼的光芒！

中国出版集团
现代出版社

图书在版编目（CIP）数据

青少年培养好的学习兴趣并不难 / 余霞编著 . —北京：现代出版社，2012.4（2025 年 1 月重印）

ISBN 978 - 7 - 5143 - 0550 - 0

Ⅰ . ①青… Ⅱ . ①余… Ⅲ . ①青少年 - 学习兴趣一能力培养 Ⅳ . ① G442

中国版本图书馆 CIP 数据核字（2012）第 041154 号

青少年培养好的学习兴趣并不难

编　　著	余　霞
责任编辑	张　璐
出版发行	现代出版社
地　　址	北京市安定门外安华里 504 号
邮政编码	100011
电　　话	010 - 64267325　010 - 64245264（兼传真）
网　　址	www. 1980xd. com
电子信箱	xiandai@ vip. sina. com
印　　刷	三河市人民印务有限公司
开　　本	710mm × 1000mm　1/16
印　　张	13
版　　次	2012 年 4 月第 1 版　2025 年 1 月第 9 次印刷
书　　号	ISBN 978 - 7 - 5143 - 0550 - 0
定　　价	49. 80 元

善学者师逸而功倍（代序）

有这样一则寓言故事：

每天当太阳升起来的时候，非洲大草原上的动物们就活动起来了。狮子妈妈教育自己的小狮子说："孩子，你必须跑得再快一点，再快一点，你要是跑不过最慢的羚羊，你就会活活地饿死。"在另外一个场地上，羚羊妈妈也在教育自己的孩子说："孩子，你必须跑得再快一点，再快一点，如果你不能比跑得最快的狮子还要快，那你就肯定会被它们吃掉。"

动物如此，人也一样。人的一生需要不断进取，如果你不具有持续学习的意识，不积极主动地去改变自己，那么，你必将会被这个时代所淘汰。

我们正身处信息化时代，这无疑对我们在接受、选择、分析、判断、评价、处理信息的能力方面，提出了更高的要求。今天又是一个知识经济的时代，这又要求我们必须紧跟科技发展前沿，不断推陈出新。你将成为一个什么样的人，最终将取决于你对学习的态度。

美国未来学家阿尔文·托夫勒说过："未来的文盲不是不识字的人，而是没有学会怎样学习的人。"罗马俱乐部在《回答未来的挑战》研究报告中指出，学习有两种类型：一种是维持性学习，它的功能在于获得已有的知识、经验，以提高解决当前已经发生问题的能力；另一种是创新性学习，它的功能在于通过学习提高一个人发现、吸收新信息和提出新问题的能力，以处理未来社会日新月异的变化。

要在现代社会竞争中取胜，仅仅抓住眼下时机，适应当前的社会是远远不够的，还必须把握未来发展的时机。因此，发现和创造新知识的能力是引导现代社会发展的关键。为了实现自我目标，我们必须从“学习”走向“学会”，即培养创新性学习能力。

学会怎样学习，比学习什么更重要。学会学习是未来最具价值的能力。“学会学习”，更多的是从学习方法的意义上说的，即有一个“善学”与“不善学”的问题。“不善学，虽勤而功半”；“善学者，师逸而功倍”。善于学习、学习得法与不善于学习、学习不得法会导致两种不同的学习效果。所以，掌握正确的学习方法显得更为重要。

学习的方法林林总总，不胜枚举，本丛书从不同角度对它们进行了阐述。这些方法既有对学习态度上的要求，又有对学习重点的掌握；既有对学习内容的把握，又有对学习习惯的培养；既有对学习时间的安排，又有对学习进度的控制；既有对学习环节的掌控，又有对学习能力的培养等等。本丛书理论结合实际，内容颇具有说服力，方法易学易行，非常适合广大在校学生学习。

掌握了正确的方法，如同登上了学习快车，在学习中就可以融会贯通、举一反三，从而大幅度提高学习效率，在各学科的学习中取得明显的进步。

热切期望广大青少年朋友阅读本丛书后，学习成绩、学习能力都有所提高。

本丛书编委会

目　录

引 言

孔子曾说过："知之者不如好之者，好之者不如乐之者。"伟大的科学家爱因斯坦有至理名言："兴趣是最好的老师。"他们说了一个共同的问题，便是兴趣。是的，兴趣是推动学习者进行学习的内部动力，是影响学习者学习自觉性和积极性的直接原因。如果学习者对学习产生了兴趣，就会引起学习动机，推动学习，并在学习过程中产生一种积极的情绪状态，鼓舞学习者认真而愉快地学习，从内心引出一种想法——"我想学"。

1. 兴趣是最好的学习品质

不管人的兴趣是什么，都是以需要为前提和基础的，人们需要什么也就会对什么产生兴趣。那么，什么是兴趣呢？从心理学的角度看，兴趣是人的个性心理特征，它是在一定的情感体验下产生的积极探究某种事物或从事某种活动的意识倾向。做一件事，如果感兴趣了，便会主动愉快地去探究，不但不会把它当成一种负担，而且会废寝忘食地去做。所以，兴趣是自觉自愿学习知识的一种内驱力，也是学习者探求知识、认识事物的推动力。

在现实生活中，有许多科学家、优秀学生，谈到自己成功的原因时，都一再强调自己对学习有浓厚的兴趣。

科学家丁肇中用六年时间读完了别人十年的课程，最后终于发现了“J粒子”，是第一位获得诺贝尔奖学金的华人。记者问他：“你如此刻苦读书，不觉得很苦很累吗?”他回答：“不，不，不，一点儿也不，没有任何人强迫我这样，正相反，我觉得很快活。因为有兴趣，我急于要探索特质世界的奥秘，比如搞物理实验，因为有兴趣，我可以两天两夜，甚至三天三夜呆在实验室里，守在仪器旁。我急切地希望发现我要探索的东西。”

学习者只有对学习感兴趣，才能把心理活动指向和集中在学习的对象上，使感知活跃，注意力集中，观察敏锐，记忆持久而准确，思维敏锐而丰富，激发和强化学习的内在动力，从而调动自己的积极性。

著名女作家冰心，四五岁的时候母亲就教会了她识字，她便对读书产生了兴趣。小冰心读书到了入迷的程度。有一次，她在浴室里偷偷地看书，时间太久，洗澡水都凉透了，气得母亲把书抢过来撕破扔在地上。小冰心慢慢地走过去，捡起被撕坏的书又看了起来，生气的母亲只好笑了。小冰心看书成癖，哪怕是一张纸，只要上面有字，她都不会放过。

美国心理学家布鲁纳说：“学习的最好动机，乃是对所学教材本身的兴趣。”这就是说，浓厚的学习兴趣可激起强大的学习动力，使学生自强不息，奋发向上。可以说，兴趣就是学习中最充沛、最轻松、最美好、最活泼的品质。在兴趣的引导下，你会精神振奋、思维敏捷、目标专一、不知疲惫地执著追求。据一项调查显示，如果一个人对他所学习的科目感兴趣，那么，他的学习积极性就非常高，就能发挥他全部力量的70%～80%；反之，积极性就会很低，只能发挥他全部力量的20%～30%。

可见，学习过程中，兴趣对于知识的获取量以及掌握程度都起着至关重要的作用，是不可或缺的因素。

2. 学习兴趣是通向成功的桥梁

古今中外，凡有成绩者无不对自己所从事的事业有着浓厚的学习兴趣，学习兴趣推动着他们孜孜不倦地追求而取得成功。

有一位作家曾说过："兴趣造就科学家和诗人。"儿时的兴趣往往是点燃科学理想的星星之火。19世纪俄国化学家布特列洛夫在中学读书时就对化学实验产生了强烈的学习兴趣，除了上课时在实验室做，还经常在宿舍里自己动手做。一次，实验发生爆炸事故，他被关进了禁闭室。连着三天，他都被罚在吃饭时站在食堂的角落里示众，学监还在他脖子上挂了一块黑板，上面讽刺地写道："大化学家。"嘲笑和惩罚并没有动摇布特列洛夫对化学的眷恋，反而刺激他更坚定地用实验方法研究化学。在33岁时，他提出了富有创见的有机化合物的结构理论，被人们誉为"伟大的化学家"。这时，布特列洛布幽默地说："这个称号在20年前是对我的惩罚，现在却实现了。"

还有英国著名女人类学家古道尔，她从小喜欢生物，中学毕业后，对研究黑猩猩产生了浓厚的兴趣，这促使她不畏艰险，只身来到热带森林，在森林中工作了十年。她对人类学的热爱，使她长期深入地对黑猩猩的生活行为进行了观察和研究，获得了极其宝贵的第一手资料。她用这些资料写成了《人类的近亲》《我在黑猩猩中生活》等著作，为人类学的研究作出了宝贵的贡献。

这样成功的例子举不胜举。兴趣促进了一个人成功，它在目标与成功之间搭起了一座不可或缺的桥梁。学习兴趣对我们的学习活动起着非常重要的作用，在某些程度上，可以说是我们学习的最好老师。有了学习兴趣作为老师，我们便不会再觉得学习是一件枯燥无味的事情。在学习时，不会再那么容易疲惫，不再那么容易分心。每位学习者都应该像布特列洛夫、古道尔以及那些成功人士一样，好好珍惜、努力培养自己对学习、对研究的浓厚兴趣。

3. 学习兴趣是可以后天培养的

心理学理论指出："兴趣不是与生俱来，是后天形成的。"它是人们经过各种努力而达成的结果。只要你努力，你就能得到一定的收获，就会产生自我成就感，增强自信心，进而产生兴趣。所以说，兴趣往往是在做了努力之后才产生的。学习者只要有了想做到最好的需要，就会产生追求最好的动力，即学好一切的动力。

数学家华罗庚说过这样一段话："我读小学时，因为成绩不好，只拿到结业文凭。初中一年级，我的数学也是经过补考才及格的。初二时，我认识到我的资质差些，就应该多用时间来学习，别人学一小时，我就学两小时，以勤补拙，这样，我的数学成绩不断得到提高。"

人往往因为自信而成功，也往往因为缺乏自信而失败。19世纪的思想家爱默生说："相信自己'能'，便攻无不克。"拿破仑甚至讲："在我的字典里，没有'不可能'这个词。"正是没有这个词使他南征北战，横扫欧洲大陆。

事实上，有许多学生正是缺乏学好某门课的信心，产生了畏惧心理，丧失了兴趣。你可以想象自己曾获得成功的事情，努力回味那种成就感，以获得对学习的兴趣。令人愉快的事物总能激发兴趣，所以要尽量想愉快的事情，比如说，"我今天将再记住 20 个生字"，"今天又学会了方程式的解法"，让自己知道今天超越昨天，树立起"每天多做一点，就是成功的开始"的信念。

人的心理自我期待力量是无穷的，为一种兴趣去努力，日后你有可能是这方面的专家，至少术业有专攻，可以丰富你的才能，提高你的生活质量。

华罗庚的经历告诉我们，只要不放弃努力，随着对学习内容和方法的深入了解，没有兴趣的内容也会变得有兴趣，小兴趣会变成大兴趣，逐渐便会成为你的志趣。没有学习兴趣，或是学习兴趣不明确的人，是可以后天开发、培养的。

第一章　让自己爱上学习

面向21世纪的人才应具有获取信息、应用信息和提供信息的能力。在科技和人才竞争形势下能够适应社会的需求和变化，谋求更好的生存和发展。青少年只有坚持不懈地学习，才能使用日新月异的劳动工具；也只有不断学习新的生存技能，才能在生存竞争中立于不败之地。

1. 学习是门学问

事例一：

一位家长在给教育专家的求助信中这样写道：

“我的孩子今年12岁，喜欢看电视、上网打游戏、与小伙伴们疯玩，就是不认真学习。老师布置的家庭作业，总是在我们三番五次的督促下去做，从来没有自觉地在家中预习过一次。我也跟他讲了学习的重要性，可他就是没有改变，我真是愁死了！有几次我实在看不下去了，就动手打了孩子，过后自己很后悔，怕给孩子造成心理上的阴影，可是也没有收到实效。

我也问过孩子的任课老师，老师也没少费心思，可孩子就是管不住自己，对学习不感兴趣，上课时经常搞小动作、不认真听讲，有时还在课堂上搞恶作剧，为这没少惹老师生气。哎，我们真是没有办法，请老师帮忙出个主意吧！”

学习是每个适龄孩子必做的事情。但有调查显示，只有6%的学生感觉学习是件快乐的事情；而94%的学生则认为学习是让人心烦和不快乐的事，他们所希望的就是放假休息，或是上电脑课、体育课。这种现象，确实值得我们深思。

米卢说过：“态度决定一切。”这句话不仅适用于足球，同样适用于学习。

美国石油大王洛克菲勒曾经这样总结自己成功的经验，他把热情的作用说得更加清晰明了：“我越老越更加确定热忱是成功的秘诀。成功和失败的人在技术、能力和智慧上的差别通常不大，但是如果两个方面都差异不大，具有热忱的人将更能如愿以偿，一个能力不足，但是具有热忱的人，通常会胜过能力高强，但是欠缺热忱的人。”

学习当然也需要热情。如果要在过度的激情和没有激情之间选择一个，你肯定愿意选择过度的激情。因为尽管过度的热情可能会引起别人的反感，但至少能让你获得学习上的进步。没有热情，既不能赢得别人的好感，也不能取得进步。

拥有一个主动的态度十分重要，只有积极主动地学习，才能感受到其中的乐趣，才能对学习越发有兴趣。有了兴趣，效率就会在不知不觉中得到提高。

事例二：

蕾蕾是一名中学生，她学习极其用功。在学校学，回家也学，还不时熬夜学，题做得数不胜数，但成绩却总上不去。有时她也会自问，为什么有的同学轻轻松松就能学得好，而自己辛辛苦苦反而学得不好？

其实，蕾蕾的学习问题在许多同学身上都普遍存在，主要表现就是学习效率太低。这好比学做一个蛋糕，有的人练几次就会做了，而有的人练几十次也不得要领，这其中就存在一个效率问题。

有人曾把学习分为三层境界：苦学、好学、会学。

苦学的同学一提起学习就讲“刻苦、刻苦、再刻苦”。处于这种层次的同学，只把眼睛盯在学习的时间上。他们恰恰忘记了，学习时间对于学习效率而言，永远只能做分母。像蕾蕾那样，学习只讲求刻苦、时间，没有意识到科学学习的重要性。试想，不讲求正确方法的学习，学习效率何以提高？

这种学习状态长期下去，对学习必然产生一种恐惧感，从而滋生了厌学的情绪。结果，学习只会变成一种苦差事。

处于好学境界的同学，对学习如饥似渴，常常学到废寝忘食的地步。他们的学习不需要别人逼迫，自觉的态度常使他们能取得好的成绩，而好的成绩又使他们对学习产生更浓的兴趣，形成学习中的良性循环。

会学的同学则能按照正确的方法学习，学习效率高，学得轻松，思维也变得灵活流畅，能够很好地驾驭知识，真正成为知识的主人。

目前，在校学生的学习中，第一层次者居多，第二层次者为少数，第三层次者更少。

可以说，学习本身是一门学问，有科学的方法，有需要遵循的规律。过去，人们对“怎么学”的回答是：记住它！谁擅长记和背，谁就能得高分，学习过程不重要，结果才最重要。但信息社会的来临，要想仅仅依靠记来学习，几乎成为不可能的事。随着年级的升高，那么多的信息和知识，谁也不可能都记住，而且也没有必要都记住。学习的关键在于在学习过程中是否学会了怎样学习和怎样思考。

方法的作用如同我国古代教育家荀子在《劝学篇》中所说：“登高而招，臂非加长也，而见者远；顺风而呼，声非加疾也，而闻者彰。假舆马者，非利足也，而至千里；假舟楫者，非能水也，而绝江河。”这里的登高、顺风、车马、舟楫，都凭借着方法，有了这些方法，才可以使“见者远”“闻者彰”，才可以“至千里”“绝江河”。

学习方法是人们在学习过程中，所采用的手段和途径。它包括知识的方法，学习技能的方法，发展智力与培养能力的方法。学习是一个人终生获得知识，取得经验，转化为行为的重要途径。要想学得好，就得讲究科学的学习方法。

善于学习、学习得法与不善于学习、学不得法会导致两种不同的学习效果。所以，我们在学习中，要争取成为一个“善学”的人。

2. 寻找学习乐趣

学习兴趣是学生有选择的、积极愉快的学习的一种心理倾向，它是学习动机中最现实，最活跃的成分，是推进学生进行自主学习的原动力。学生只有对学习产生浓厚的兴趣，才会专心听讲，积极思考，从而学到新的知识。

第一，暗示自己喜欢学习

苏联学者西·索洛维契克曾对3000多名懒于学习的学生进行过“满怀兴趣地学习”的实验，取得了良好的效果。基本点是一个人要在心理上有所准备，坚信学习是件有趣的事。

具体的训练方法：

（1）在学习前激励自己，自言自语，连说几遍“我喜爱学习××学科，××学科乐趣多多”等话语。

（2）在学习中比平时更细心，花更多的时间。平时不原谅自己的粗心失误，尽可能使自己获得成功的愉悦。

（3）在不想学习、不感兴趣时，回忆自己学习上的优点，例如“我的解题思路是正确的”“我的运算速度是快的”“我的文笔是优美的”等，淡忘自己的缺点，增强自信心。

实验进行几周后，西·索洛维契克陆续收到参加实验的学生的喜讯。绝大多数学生实验成功了，开始对原来最头疼的课程产生了兴趣。西·索洛维契克指出：“实验本身表明，满怀兴趣地学习收到了成效，并且要继续下去。成功给人以鼓舞，给人以力量，给人以兴趣。”

其实，这种方法是一种心理暗示。我们在日常学习中，可以从身边的事做起，从写下的每一个字，记下的每一个词，算的每一道题，理解的每一个公式开始。这种快乐意念的暗示施加久了，就会成为习惯，成为一种在困难面前也满怀兴趣地去思考、去实践的习惯。

第二，体会成功的喜悦

在学习时，每完成一件学习任务，每有一些学习上的收获，都会令人产生喜悦感。这时，我们需要有意识地去体验这种喜悦感。随着这种自我肯定意识不断增加，自信心会越来越强，兴趣自然而然也会变得更浓。

比如，学习语文，我们可以多阅读一些优秀的文学作品，多对文学作品进行尝试性的分析，比如诗歌、散文、小说什么的，甚至武侠小说都可以，一方面可以增加我们的审美能力，另一方面也可以培养我们的语文能力。当读过一些作品之后，我们可以试着自己也写写，这个时候，我们的兴趣便会在读书与写作之间产生。慢慢地，我们便希望获得更多语文知识，充实自己的大脑，这个时候我们就有了吸取知识的动力，看到知识就像饥渴的人见到水一样。

体验这种成功的喜悦时应该注意，要把学习内容的难度与目前所拥有的知识水平相结合。如果你目前的知识水平有限，却非要看那些难懂的书，了解难懂的知识，这会让你觉得学起来很吃力、情绪紧张，过早地感到疲劳，不容易体会到成功的喜悦，兴趣自然也就难激起；反之，你目前掌握的知识比同龄人都多，而且眼界开阔，那就没有必要再看太浅而易懂的书，那样你得不到多少新的信息，同样体会不到成功的喜悦，兴趣就更不用说了。所以，一定要找那些适合自己实际水平的内容来学习。

而且，你要记得把成功的喜悦与大家分享，你才会更快乐。在学习中要善于结交志同道合、与自己兴趣相近的学友，不仅可以一起制订学习计划、听课和一起学习，还可以经常展开讨论交流学习心得体会，把你的成功告诉别人，分享其他人的经验和乐趣。在相互的影响下，对学习兴趣的保持会产生很大的作用。

第三，学会兴趣转移

青少年时期，往往兴趣十分广泛，但由于自控力较差，不容易把握自己兴趣的发展方向，常常会凭着自己的性子去做事。比方说，他兴趣在足球上，便会对足球如痴如醉，哪怕脚扭伤也想上球场，再累也想继续坚持；他兴趣在网络游戏上，连续熬几个通宵也愿意；他兴趣在小说上，可以一口气看完一本数十万字的小说。这就是兴趣的力量，它可以使人从内心发出一种迫切的需要，然后不惜一切地去满足自己这种需要。

对于功课也同样如此，越是喜欢的课程越下工夫，越是讨厌的课程就越想逃避，越不喜欢学，这对大家来说是常有的事。许多人在学生时代，当看到自己不擅长的科目时，就会打瞌睡。但我们绝不能这样放纵自己，否则只会一直偏科下去，对不喜欢的科目更加讨厌，永远征服不了它们，并且你的成绩也将会变得更糟。

当遇到这些问题时，你应该学会“转移”。如果你讨厌上数学课或是物理课，但你爱好收集汽车模型，看变形金刚，或者爱玩智力游戏，那么，你应当培养自己去发现、了解与爱好有关的知识，比如“汽车是如何发动的?”“汽车的构造原理是什么?”“所学的知识中，哪些知识和它们有关?”，等等。这样，就把对日常的兴趣在原有基础上发展起来。又如，你对语文课不感兴趣，但你喜欢搞独立创作。这样，你可以通过写作练习，去体会语文基础知识的学习对写作的重要意义，促使你完善自己的基本功，从而增强对语文基础学习的积极性。

在实际学习中，如果你觉得实施起来有些困难，那么就强迫自己将讨厌的科目全部学习完，否则就不做自己喜欢的事。就像训练小动物一样，做完一个动作给一点儿食物，这样逐渐地习惯成自然，对你那些原本讨厌的科目也会产生兴趣，并且会主动地完成。这在心理学上称为“报酬效应”。也就是说，用你喜欢从事的事物做诱饵，去引发你对不喜欢的科目的兴趣。

3. 养成良好习惯

事例一：

1873年，美国发明家克里斯托弗发明了世界上第一台打字机，键盘完全是按照英文字母的顺序排列的。慢慢地，他发现打字的速度一旦加快，键槌就很容易被卡住。他的弟弟给他出了一个主意，建议他把常用字的键符分开布局，这样每次击键的时候，就不会因为连续击打同一块区域而卡死。经过这样不规则的排列后，卡键的次数果然大大减少，但同时打字速度也减慢了。在推销打字机的时候，在利润的驱动下，克里斯托弗对客户说，这样的排列，可以大大提高打字速度，结果所有人都相信了他的说法。现在，人们已经习惯了这样的键盘布局，并始终认为这的确能提高打字速度。

国外一些数学家经过研究得出结论，目前的排列是最笨拙的一种，凭借目前的技术，已经解决了卡键问题，可现在出现第二种排列的键盘似乎不太可能，因为人们都习惯了。在习惯面前，科学有时也会变得束手无策。

事例二：

在印度和泰国随处可见这样一个场景：一根小小的柱子，一截细细的链子，拴得住一头千斤重的大象。那些驯象人，在大象还是小象的时候，就用一条铁链将它绑在水泥柱或钢柱上，无论小象怎么挣扎都无法挣脱。小象渐渐地习惯了不挣扎，直到长成了大象，可以轻而易举地挣脱链子时，也不挣扎。

小象是被实实在在的链子绑住，而大象则是被看不见的习惯绑住。

可见，习惯虽小，力量却是超乎想象。

那么，到底什么是习惯呢？所谓习惯，就是人和动物对于某种刺激的“固定性反应”，这是相同的场合和反应反复出现的结果。所以，如果一个人反复练习饭前洗手的话，那么这个行为习惯就会融合到他更为广泛的行为中去，成为“爱清洁”的习惯。习惯是多种多样的，有学习、生活和交往等习惯。

古今中外有所建树的人，无不具有良好的习惯。进化论的创始人达尔文说：“我的生活过得像钟表的机器那样有规则，当我的生命告终时，我就会停在一处不动了。”达尔文所说的“规则”，便是指良好的习惯，当然也包括学习习惯。

俄国教育家乌申斯基说：“良好的习惯乃是人在神经系统中存放的道德资本，这个资本不断地增值，而人在其整个一生中就享受着它的利息。”

试想，一个爱睡懒觉、生活懒散又没有规律的青少年，他怎么约束自己勤奋学习？一个不爱读书、不关心身外世界的青少年，怎能有开阔的胸襟和见识？一个不爱独立思考、人云亦云的青少年，他能有多大的智慧和判断能力？……

好习惯可以为一个人带来成功，坏习惯则是一扇通往失败的大门。青少年想要成为一个好学之人，就要让自身养成良好的习惯。那么，如何培养良好的习惯呢？应注意以下几点：

第一，忠于自己的人生计划

成功的人懂得设计自己的未来。他们认真地计划自己要成为什么人，想做些什么，要拥有什么，并且清晰明确地写出，以此作为决策指导。因此，“以始为终”是实现自我领导的原则。这将确保自己的行为与目标保持一致，并不受其他人或外界环境影响。我们将这个书面计划称为“使命宣言”。任何一个存在的社会组织都需要“使命宣言”，任何一个企业或个人也不例外。确立目标后全力以赴，就是我们所说的在正确的时间做正确的事，并把事情做对。

第二，养成好的行为规范和标准

良好的习惯是从良好的行为开始逐渐养成的，恶习沾染也是从不良行为开始的。有的同学虽然年龄不大，无论是学习生活，还是为人处世，都有良好的习惯，深受老师的喜爱与同学们的爱戴，但也有些同学同样年龄不大，却沾染了许多世俗或成人化的恶习，抽烟、喝酒，学习不踏实，做事马虎，撒谎，不讲卫生，甚至满口脏话等。良好习惯不是天生就有的，而是从良好的行为开始一步一步养成的，拥有良好习惯的人，近一点讲，显得有教养，远一点讲，会造就好的性格。良好习惯的培养，需要从遵规守纪开始。

第三，习惯的养成在于多次的重复

著名教育改革家魏书生说过：“同样的事重复 72 次就可形成定势。”有位教师受魏书生写作文体的影响，开始每天写自命题日记，不到一个月的时间，就觉得写作像吃饭穿衣一样成为一种精神需要。偶因外出没有写日记，便感到心里空落落的，抽空也要补上，还清昨日的欠账。选准要养成什么样的行为习惯，然后坚持经常性的重复，在重复中激发兴趣，学有所得，越干越想干，最后就会到了“欲罢不能”的地步，有些人坚持一辈子记日记，完全是习惯使然。

第四，偶有偏离，及时调整

中小学生多数自制力比较差，在好习惯形成过程中，或者在坏习惯克服过程中，容易出现反复、拖拉、敷衍、放任等现象，容易出现跟着感觉走的现象。这就要求自己要严格监督自己，发现偶有偏离，立即作出调整。比如，发现自己的字写得不规整了、上课时精神溜号了、没有执行或没有完成学习计划了、自己躺着看书、看电视了……立即作出调整。培养习惯，就像走路一样，发现走的路线不对，及时调整到对的轨道上去，久而久之，一条小路便踩出来了。

有人说，行为养成习惯，习惯造就性格，性格决定命运。这些话似乎有些绝对，但良好的习惯对人生的确太重要了。习惯是一种惯量，也是一种能量的储蓄，养成良好习惯的人，要比那种没有养成良好习惯的人以及养成不良习惯的人具有较大的潜在能量。

4. 明确学习目标

有一个小男孩，他父亲是一位马术师，他从小就必须跟着父亲东奔西跑，一个马厩接着一个马厩四处奔波。男孩的求学过程很不顺利，初中时，有一次老师叫全班同学写报告，题目是：《长大后的志愿》。

他洋洋洒洒地写了七张纸，描述他的伟大志愿，那就是想拥有一座属于自己的牧马农场，并且仔细画了一张二百亩农场的设计图，上面标有马厩、跑道等位置，然后在这一大片农场中央，还要建造一栋占地四千平方米的豪宅。第二天，他将他的心血之作交给了老师，两天后，他拿回了报告，报告第一页上打了一个又大又红的“F”，旁边写了一行字：下课后来见我。

脑中充满幻想的他下课后带着报告去找老师，问：“老师，为什么给我不及格?”

老师回答道：“你年纪那么小，不要老做白日梦。你没有钱，没有家庭背景，什么都没有，盖座农场可是个花钱的大工程，你要花钱买地、花钱买纯种马。你别太好高骛远了。”

老师接着说：“你如果肯重写一个比较现实的志愿，我会给你重新打分的。”

男孩回家后反复思量。再三考虑以后，他决定原稿交回，他告诉老师：“我就是为了这个梦想才在随父亲流浪中坚持上学的，否则，我可能早就跟父亲学会马术而放弃读书了。”

后来，这位男孩真的实现了自己的梦想，那位老师还曾经带着自己的学生来到农场露营。

这个孩子正是有了自己心中的梦想，他才为之孜孜以求，奋斗不息，最后达到了自己渴望的彼岸。有梦想有目标、做自己引以为豪的事情、父母和老师的信任和尊重，是让每一个孩子保持好心情，并投入良好学习状态的三要素，而梦想或目标则又是其中的核心。梦想或目标是烛照孩子心灵的亮光，是刻苦学习的一种动力。

所谓目标，是指一个人想要达到的标准或境地，根据活动的类型或目标的性质不同，它有学习目标、工作目标、生活目标和事业发展目标。在学习中，有一个清晰的目标，并为实现这个目标而学习的时候，学习就不再是讨厌的、与自己的人生无关的负担了。这时，你的学习就成了有趣的、能够决定自己命运的最紧要的事。只有这样，学习才是主动、自觉的，而不是被动、机械的。

也许有些学生说："我有理想、有目标呀：我想取得好成绩；我想考上名牌大学；我想成为校篮球队的队员；我想以后赚很多很多钱；我想成为歌星；我想周游世界……可我有时还是觉得空虚，不知道该干什么好。"出现这种情况并不奇怪，因为他们对目标的认识太混乱，太模糊，以至于所谓的目标无法正确指导其行动。

设定目标之后，还要将目标分解成阶段性目标。通常情况下，以预计实现目标要花费的时间长短为标准，行动目标可分为短期、中期和长期三种目标：

（1）短期目标。对于以学习为主要任务的学生来说，可以是一个学年、一年学期、一个月乃至一个星期。短期目标应该具体而实际。比如，这一学年末争取将英语考试成绩从 75 分提高到 80 分；暑假多锻炼减肥 2 千克；这个月要将名著《水浒传》看完；每个星期记单词 80 个等等。

（2）中期目标。中期目标比短期目标的实现需花更长的时间。如果设定的短期目标需要一个月来实现，那么中期目标就可以是一个学期或一年，具体视实际情况而定。比如，"一年要记 5000 个单词"相对于"每个星期记 80 个单词"而言就是中期目标了。

（3）长期、全面的目标。在两三年或更长的时间里，你想要达到什么样的程度，或做什么。

确定短期目标，是为了解决眼前的问题，但只有一个一个的短期目标，而没有中期或长期目标，人生的路就会走得弯弯扭扭，不知最终目标在哪里，从而因为小目标实现后没有大目标继续引导自己，使人生失去方向，失去动力。在学习上的表现，则不是表现为自满就是对继续学习的厌倦。因此，我们除了要确立短期和中期的目标，还应该树立远大的理想，确定自己人生的长期目标。

我们在制定学习目标时，有以下几个需要遵循的原则：

（1）明确性。比如，一个人在青少年时期确定了要做一个艺术家的目标，这样的目标就不是很明确。因为艺术的门类很多，究竟要做哪个领域的艺术家，确定目标的人并不是很清楚，因而也就难以把握。目标不明确，行动起来也就有很大的盲目性，就有可能浪费时间和耽误前程。

（2）适切性。所谓适切性，是指目标的设立要适当，要切合自身的实际情况，忌好高骛远。因为一旦目标实现不了，人就会因此而产生挫败感，从而打击个人的自信，丧失继续努力奋斗的决心。

（3）专一性。生活中有一些青少年之所以没有什么成就，原因之一就是经常确立目标，经常变换目标，所谓“常立志者”就是这样。一个青少年在某一个时期一般只能确立一个主要目标，目标过多，会使人无所适从，应接不暇，忙于应付。

（4）挑战性。一个真正的目标必定充满挑战性，正因为它具有挑战性，又是由你自己所选择的，所以你一定会积极地完成它。

人只要还在成长着，就必须不断地从一个目标走向一个目标，没有了明确的目标，你的成长和进步就会停滞。重要的问题不在于你原先在哪里，现在在哪里，而在于现在要向何处去，在于你的目标是什么。确立了奋斗目标，你的上进心才会被激发起来，才会去积极主动地学习，进而实现你的理想。

5. 制订学习计划

战国时期，齐国人田忌奉齐王命令，与秦国国王赛马。秦王的马个个膘肥体壮，威风凛凛，明眼人一看就知道齐国的马不如秦王的马。比赛开始前，田忌十分沉着地将自己的马队分成了三个小组：好马一组、中等马一组、劣马一组。第一轮，田忌用劣马和秦王的好马比赛，结果可想而知。第二轮，秦王用的是劣马，田忌就用中等马与之较量，果然胜了。第三轮，秦王用了自己的中等马，而田忌就用自己的好马与之较量，大获胜利。三轮比赛，田忌输一轮赢两轮，也就获得了比赛的冠军。

田忌计划的翔实程度，直接影响着他在比赛中的胜负。如果他没有好好地作出计划，是不可能赢得比赛的。计划，是行动的先导；行动，是计划的途径。无视行动的计划是空泛的，缺乏计划的行动是盲目的。

一个人种下去的是计划，耕耘的是行为，收获是习惯。

爱因斯坦从中学时代起，就十分重视计划学习，他不仅制订学年计划，而且制订学期计划、月计划。他坚持依次读完了哲学家柏拉图、亚里士多德、培根、休谟、笛卡儿、斯宾诺莎、康德的著作和物理学家牛顿、拉普拉斯、麦克斯、基尔霍夫、赫兹的书，为他以后学术上的杰出成就奠定了坚实的基础。

美国前总统富兰克林年轻时，为了能够长期地获得更多的时间和精力去从事钻研，就为自己制订了“铁的作息制度”。他每天5点起床，规划一天的事务，在上午8点至11点工作，中午阅读、吃饭，下午2点至5点工作，晚间6点至9点用餐、谈话、娱乐并考察一天的工作。他严格遵守这一制度，日积月累，自我磨砺，受益无穷。富兰克林数十年如一日地按照“铁的作息制度”工作和生活，最终养成了良好的习惯。

长期按计划办事，学习和生活都会很有规律，逐渐形成“条件反射”。从而，该学习时能安心学习，玩的时候能开心地玩。到时候，就不必为不起床、睡不睡觉、学不学习再付出意志上的努力了。学习生活完全达到了“自动”的境界：不起床睡不着了，不睡觉就困了，不学习就好像缺了点儿什么似的，觉得浑身不自在。

学习计划按照时间划分，可分为长期计划与短期计划。长期计划主要指一个学期、一个学年的计划，一般以一学期为宜。短期计划主要指月计划、周计划和每天的计划，做出这样的计划，可以使自己对学过的东西有更好的掌握。

要说学习计划，相信很多同学都制订过。但规定归规定，若说真正能贯彻执行和坚持下去的，恐怕为数就不多。常常有学生这样说：“订了也白订，到时候总坚持不下来。”“计划赶不上变化。本来计划得好好的，突然来个什么事就全泡汤了……”我们要想制订一份合适的学习计划，需要注意哪些问题呢？

首先，从实际出发，实事求是制订计划

比如，在这个月的学习中要接受和“消化”多少知识？要着重培养哪些能力？自己在学习上欠了哪些“债”？在某一阶段的学习计划中可以偿还多少“欠债”？要正确评价自己所处在阶段，有针对性地制订学习计划。

其次，长期计划与短期安排相结合

一份学习计划，如果只有长期计划，却没有短期计划，目标是很难达到的。长期计划是明确学习目标和进行大致安排；而短期计划则是具体的行动计划。所以，两者缺一不可。苏联著名诗人普希金曾说：“要完全控制一天的时间，因为脑力劳动是离不开秩序的。”针对自身特点，做出切合实际的安排，以清楚地知道在一天、一周内要做什么事情，使自己有条不紊地学习。

再次，内容丰富多彩

要想真正完成好学习计划，在考虑计划的时候，一定要对自己的学习生活做出全面的安排。应包括社会工作时间、为集体服务时间、锻炼时间、睡眠时间及娱乐活动时间等。如果一份学习计划只考虑三件事：吃饭、睡觉和学习。这种“单打一”的学习计划，会使生活单调、乏味，久而久之会容易使人疲劳，既影响学习效果，也影响全面发展。

第四，安排留有余地

要好好考虑自己订的计划的可行性。把几本书全背上几十遍固然是好，可是从体力、时间上来说根本不可能。要把有限的时间和力气花在“刀刃”上，要弄清楚哪儿是重点、哪儿是自己的弱点，花大力气在这上边。不管什么时候、不管学习多么紧张，形势多么严峻，都一定要给自己留休息和放松的时间。半个月或一个月出去度个假、玩一玩是个好主意。适当的放松不仅不会浪费时间，反而会高效地利用时间，是提高效率的好方法。

第五，不与老师的教学进度相脱节

不了解教学的进度，时间就很难安排。很多学生个人学习计划的“破产”，就是因为不了解老师教学的实际进度，因而使自己安排的学习任务不是过重就是过轻，还会出现自己安排的学习内容和老师的教学内容相脱节的现象。

一份合理、可行的学习计划，还需要在实行当中逐步加以调整，就是要有一个“磨合期”。在这期间，应根据实际情况不断做出调整，使计划更合理，更可行。而这时最不可取的是，计划一旦与现实产生矛盾，就放弃计划而开始盲目无序的“无政府状态”。为此，对于一份比较成熟合理的学习计划，我们必须维持一个重大原则——尽量严格地执行，尽量不做什么变动。

6. 合理管理时间

歌德曾说：“善于利用时间的人，永远找得到充足的时间。”时间是公平的，每个人每天只有 24 小时，但是，我们看到许多成功人士往往都是时间运用高手。莎士比亚也曾说：“放弃时间的人，时间也会放弃他。”这就说明，不会利用时间的人，做事时往往难以取得成功。

看看下面这个小故事会对你有所启发。

在皮尔森先生的书店里，一位犹豫了将近 1 个小时的男人终于开口问店员了：“这本书多少钱？”

“1 美元。”店员回答。

“1 美元？”这人又问，“你能不能少要点？”

“它的价格就是1美元。”没有别的回答。这位顾客又看了一会儿，然后问：“皮尔森先生在吗?”

“在，”店员回答，“但是，他正忙着一本书的出版工作呢。”

“可我还是要见见他。”这个人坚持一定要见皮尔森。

于是，皮尔森就被找了出来。

这个人问：“皮尔森先生，这本书你能出的最低价格是多少?”

“1美元25分。”皮尔森不假思索地回答。

“1美元25分？你的店员刚才还说1美元1本呢!”

“这没错，”皮尔森说，“但是，你在犹豫不决和与我讨价还价时，我的时间流走了，你要为占用我的工作时间付费，你不认为25分已经很便宜了吗？其他的话，我不多说了。”这位顾客惊异了。他心想，算了，结束这场自己引起的谈判吧。他说：“好，这样，你说这本书最少要多少钱吧?”

“1美元50分。”

“又变成1美元50分？你刚才不还说1美元25分吗?”

“对。”皮尔森冷冷地说，“我现在能出的最低价钱就是1美元50分。”这人默默地把钱放到柜台上，拿起书出去了。

皮尔森用实际行为给这个男人上了令其终身难忘的课：时间会在你做无意义的事情时流走，而流走的时间是无价的。从此，这个男人争分夺秒地学习，最后终于成为一位有名的作家。

良好的时间观念对于一个人的重要性是不言而喻的，对于学生来说，同样也是非常重要的。生活中，一个能够珍惜时间、合理安排时间的学生，无论在学习还是平时的生活细节上，都能够抓住每一分钟有效的时间，合理安排自己的事情，高效率地完成任务。相反，一个时间观念不强的学生，则总会是落后的一分子，无论做什么都不能很好地完成任务。

生活中有很多人甚至包括正在阅读的你，也许都有或多或少的丢三落四的习惯，这种坏习惯所带来的时间浪费值得引起我们的注意。比如，将当天用的课本落在教室，取书往返需要10分钟，这10分钟至少可以记忆3个单词。

有的学生喜欢睡懒觉，早晨懒在床上不起来。时间就在这种似睡非睡、迷迷糊糊的状态中流走了。早晨睡半小时懒觉的时间，你可以用来做3道数学题，朗读1篇文章，记下10个单词，而且效率要比平时高30%。这样算来，你浪费的就不只是半小时时间这么简单了。

还有的学生物品摆放没有规律。写作业时，找书本用去5分钟，找钢笔用去2分钟，之后又找小刀、尺子、橡皮，等东西都找到了，20分钟过去了。这些时间如果没有浪费，恐怕作业已经做完了。

对于每个成功的人来说，时间管理是重要的一环。时间是最重要的资产。每一分每一秒逝去之后再也不会回来。因此，有必要高效地利用你的时间。

那么，如何才能让你的时间走上正轨呢？

第一，计划时间

所有的足球教练都在赛前向队员细致周密地讲解比赛的安排和战术，而且事先的某些计划也并非一成不变，随着比赛的进行，教练一定会根据赛情做某些调整。但不可忽视的是，比赛开始前一定要做好计划。

所以，你最好给自己的每一天和每一周订个计划。为自己的每一天订出一个大概的计划和时间表，尤其要特别重视你当天应该完成的两三项主要工作。其中一项应该是使你更接近你最重要目标之一的行动。在每个周日按照这个办法订出下一周的计划。

第二，分配时间

我们先来做一个游戏：

先拿出一个大玻璃杯放在桌上，取出一堆拳头大小的石块，一块块放进玻璃杯里，直到石块高出杯口，再也放不下了。然后，我们再拿一些砾石倒进杯子，轻轻地摇晃，使砾石填满下面石块的间隙。这时，我们再取一些沙子慢慢倒进玻璃杯，最后，再拿一壶水往玻璃杯里倒，直到水面与杯口齐平。

这个顺序做完了，我们再把填充的顺序倒过来试试，看看拳头大小的石块最后还能不能放到玻璃杯里。答案是“不能”。

这个游戏告诉我们，一个杯子的容量是有限的，如果大石块不是先放，那么以后再怎么努力也不能把它们放进玻璃杯里了。就是说，一个人应该在精力最旺盛的时候做最重要的事。

聪明人往往会抓住重点、远离琐碎。我们青少年最好也能把本年度的目标写出来，找出一个核心目标，并依次排列重要性，然后开始用自己 80% 的时间来做 20% 最重要的事情，这样才能一步一步地把事情做得有节奏、有条理，取得良好效果。

第三，利用零散时间

一块块小碎布可以拼成椅垫、被、褥面。同样，零散时间，一分一秒加起来，就是一个可观的数字。如果一个人每天浪费一小时，那么，他一生中（按 72 年计）总共要浪费 3 年。在日常生活中，只要你稍微注意，就会发现不少零散的时间，如上学路上、等车的时间、饭前饭后等。关键在于利用零散时间，要巧妙得当。比如，等车时间，可以用来背公式、背单词；课间时间可用来收拾桌子，把资料整理归类；上学路上，回忆回忆学过的古诗文；饭后散步，可以观察事物，思考问题，寻找写作题材；入睡前躺在床上，可以回忆、复习当天的学习内容，或是再把古诗文、英语课文再背一遍，等等。

7. 拥有健康体魄

上初中三年级的小袅学习非常刻苦，下了课同学们都出去玩，她却忙活着温习功课。勤奋的学习让小袅的成绩非常优异，班级的前三名中总是少不了她。而现在小袅和家人却都很苦恼：小袅不知为什么经常头晕。医生诊断说，由于小袅平时活动少，营养补充也不足，因此血压比较低。可是，习惯了坐在书桌前的小袅根本不愿意运动。就这样，休整了一个假期还是没好转，只好先休学调养。

青少年时期，大家的学业任务比较繁重。有些学生为了取得优异的成绩，而一直拼命学习，不但平时学习到深夜，甚至周末也难有休闲娱乐的时间，最后，学习未必能够搞得好，还容易将身体拖垮。如果身体垮掉了，自然会对学习感到力不从心，那么学习兴趣也就不复存在了。

一项中国青少年体质健康调查表明：近20年，中国青少年的体质在持续下降，学生体质下降问题日显突出。有专家把现在的青少年体质概括为“硬、软、笨”：关节硬，肌肉软，长期不活动造成动作不协调。专家指出，学生的身体状态不如从前，有三个原因是罪魁：

首先，锻炼时间太少。很多家长和学生都存在着“锻炼身体会耽误时间”的错误观念。殊不知，经常到室外呼吸新鲜空气，积极强健体魄，才能有更好的精力投入到学习中去。

其次，室内活动过于频繁。高科技的生活方式除了带给人们便捷之外，还给学生带来了身体上的危害。在课业不繁重的时候，有很多学生宁愿选择看电视、上网聊天、玩网络游戏等，也不愿意走出家门去放松一下紧张的神经。

最后，饮食结构的不合理。现在很多学生都喜欢吃麦当劳、肯德基的油炸食品，除此之外，碳酸饮料、快餐等也是他们的首选。这些食品虽然味道好，但对于正在发育身体的青少年来说却无益处，经常食用还会引起肥胖。为了我们的身体健康，应该养成均衡合理的饮食习惯，平均地摄取营养才能赢得健康。

要知道，健康是生命的源泉，是效能的源泉。拥有健康的体魄、充沛的精力，才能去拼搏、奋斗。虽有超凡的天才，却没有健康的体质作后盾，虽有壮志凌云，却没有充足的精力去实现，那才是最大的失败。

为了拥有健康的体魄，现有以下建议供学生们参考：

（1）坚持体育锻炼。20 世纪 50 年代，清华大学曾提出“8 – 1 > 8”的口号，即学生每天用一小时参加体育锻炼，学习效率反而大于不锻炼的。实践证明，这完全是正确的。

波兰科学家居里夫人曾说：“科学的基础是健康的身体。”居里夫人知道健康的重要，不仅自己注意锻炼身体，而且也要求两个女儿坚持严格的知识训练和体格锻炼。居里夫人还经常带两个女儿一起去远足、游泳、爬山。后来，两个女儿都成了科学家，其中大女儿还获得了诺贝尔奖。

所以，我们最好坚持体育锻炼，每天保持一小时。刚开始时，也许会感到运动后更为疲劳，这正说明机体需要调整，坚持一段时间后便会慢慢适应，体能会逐渐增加，抵抗疲劳的能力会得到强化。

（2）走进大自然。大自然是造物主赐给人类的最高奖赏，谁能与大自然亲近，谁就能拥有健康。平时，我们可以和爸爸妈妈，或是同学、朋友一起去爬山。爬山不仅可以促进呼吸、心血管系统功能的改善，增强体力，还可以有效地增强我们的腿部力量和耐力素质。我们也可以去放风筝，甚至是玩泥巴。英国医学专家进行过一项科学研究显示，玩泥巴时虽然会把身上弄脏，但身体接触泥里的大量微生物，可以使我们的免疫系统“认识”细菌而不会对其过敏。所以，我们可以尽情地玩泥巴、挖水沟、玩沙子……

（3）保证全面而合理的膳食。最科学的食谱是保证营养均衡。日常生活中，每天的膳食必须保证粮、蛋白质、脂类、矿物质、维生素等人体所必需的营养物质一样也不少。要注意这些营养素的补充，像鱼、瘦肉、肝、牛奶、豆制品等食物中就含有丰富的蛋白质和维生素，新鲜的蔬菜和水果中含有丰富的维生素 C 和矿物质。同时，还应当注意克服两种不良的倾向：一是食物营养和热量过剩；二是为了某种目的而节食，以致食物中某些营养素和热量不足。这两种做法都有可能会导致疾病的产生。

（4）学会主动休息。主动休息，即在身体尚未出现疲惫感时就休息。这是一种积极的休息方式，比起累了才休息的被动休息法有着质的进步。

第二届全国秋季服装展览会在海滨城市大连举行时，每到会议休息时间，一些公司的老总便回到自己的房间，不是和助手商议方案，就是研究其他公司的资料，忙得团团转。

然而，令所有人惊奇的是，一到会议休息时间，兄弟制衣公司的代表张峰毅则总是独自一个人迈出会议室，沿着度假村的湖畔散步，或是到花园中欣赏奇花异草。

刚开始，有的老总还以为张峰毅不重视这次展览会，或是贪恋山水美景，而忘了自己公司发展的大事。可出人意料的是，每次会议上发言时，张峰毅却当仁不让。他思路敏捷，精力旺盛，侃侃而谈，一直是整个展览会的焦点人物。会议结束时，有位老总好奇地问他说："平时总见你漫不经心、游手好闲似的，可一到会议时，你就精神百倍、咄咄逼人，你是不是吃了什么灵丹妙药？"

"是的，我的确是吃了灵丹妙药，但我吃的灵丹妙药就是忙中偷闲，去散步，去赏花，在这段时间里，我的大脑得到了很好的休息，因此，这会议我是越开越精神呀！"

忙中偷闲，可以让张峰毅工作越来越精神，也可以让青少年朋友学习越来越带劲。

学习之余，我们还可以做一些自己喜欢的事情，比如读书、下棋、跳舞、旅游等，能够让自己长期处于紧张状态的神经松弛下来，以保证有更好的精神状态投入到学习中。

开心小测试：你对学习感兴趣吗

根据你的实际情况，请对下列题目做出最适合你的选择。

1. 你是否认为学习没有意思？（　　）

A. 是　B. 有时这样认为　C. 不是

2. 学习遇到困难时，你是否会主动问其他人？（　　）

A. 经常问　B. 有时问　C. 从来不问

3. 学习中，你是否对困难的问题采取回避态度？（　　）

A. 从不回避　B. 有时回避　C. 经常回避

4. 你经常提前完成老师布置的作业吗？（　　）

A. 经常这样　B. 有时这样　C. 从不这样

5. 你是否经常把零花钱省下来买学习用书？（　　）

A. 经常这样　B. 有时这样　C. 从不这样

6. 没有老师和家长的督促，你能主动学习吗？（　　）

A. 主动学习　B. 有时主动　C. 学习不主动

7. 你是否认为自己没有毅力，不能继续学习？（　　）

A. 不认为　B. 有时这样认为　C. 一直这样认为

8. 学习时，你因为思想开小差而浪费时间吗？（　　）

A. 经常这样　B. 有时这样　C. 不这样

9. 成绩不好的科目，你是否努力地学习？（　　）

A. 更努力去学　B. 有时会更努力去学　C. 不努力去学

10. 你是否认为不努力学习是不行的？（　　）

A. 总是这样认为　B. 时常这样认为　C. 偶尔认为

11. 你常为自己不按时完成作业找借口吗？（　　）

A. 从不这样　B. 有时这样　C. 经常这样

12. 你学习时能否做到坐到桌子前就马上开始学习？ （ ）

A. 能 B. 有时不能 C. 不能

13. 解题时，你是否常常试图找出较为新颖的解法？ （ ）

A. 经常这样 B. 有时这样 C. 从不这样

14. 你是否讨厌学习要求严格的老师？ （ ）

A. 不讨厌 B. 有些讨厌 C. 非常讨厌

15. 坐到桌前进行学习时，你是否感到无聊？ （ ）

A. 不无聊 B. 有时无聊 C. 立刻无聊

16. 你常因为一些不重要的事情而请假不去上课吗？ （ ）

A. 从不这样 B. 有时这样 C. 经常这样

17. 你是否经常找借口来回避学习？ （ ）

A. 从不找 B. 一般不找 C. 有时找

18. 你是否认为根据自己的情况，必须拼命地学习？ （ ）

A. 总是这样认为 B. 常常这样认为 C. 一直这样认为

19. 你对自己的考试成绩关心吗？ （ ）

A. 非常关心 B. 有时关心 C. 从不关心

20. 你在学习时，有人打扰你，你是否感到厌烦？ （ ）

A. 是 B. 有时是 C. 不是

评分标准：

每题选A记2分，选B记1分，选C记0分，将各题得分相加，统计总分。

测试结果：

26分以上，你的学习兴趣较高，希望你继续保持；13～25分，你的学习兴趣为中等，你应该努力提高学习积极性；12分以下，你缺乏学习兴趣，应该引起足够重视。

第二章　在日常生活中激发学习兴趣

从生活入手，主动发现知识在人们生活中的实际运用，体验知识与人们生活的密切关系，学会用知识、经验来解决生活中的问题，从而激发不断学习的兴趣。生活是一个大课堂，在这个大课堂里可以让我们学到很多。

1．树立学习的榜样

俗话说："榜样的力量是无穷的。"关于榜样，不同的研究人员对榜样有不同的定义。《现代汉语词典》里对榜样的解释是：值得学习的好人或好事。而彭怀祖、姜朝晖在《榜样论》一书中则把榜样定义为：榜样是在一定历史时期经组织认定，公众舆论认可和公共传媒广泛传播，体现时代精神和人民意愿，……值得公众效仿和学习的先进典型。由此可见，榜样的特点体现在，它首先是一种时代的典型，其次它为人们提供可效仿的标准。榜样作为一个可靠的基础，可推动青少年对自我的探索和认识，以此来规范自己的言行，激励我们积极向上。

物理学家赫兹的叔父是19世纪有名的电磁学家，赫兹的母亲在他很小的时候就把他送到了叔父那里学习。赫兹的叔父工作很繁忙，尽管如此，他总是每天抽半个小时对小赫兹进行教育。小赫兹从小就把叔父当成了自己心中的榜样。

在赫兹8岁那年，不幸的事发生了，年仅37岁的叔父去世了。出殡那天，许多著名的学者和科学家不远千里前来吊唁，甚至连国王和王后也来了。母亲拉着赫兹的手，指着长长的送殡队伍对赫兹说："你叔叔献身科学事业，受到了全世界人民的无限敬仰，你一定要向你叔父学习呀！"

赫兹深深地铭记住了母亲的话。后来，赫兹拜读了叔父遗留下来的全部书籍和日记。每当遇到了挫折和困难，他总是用叔父的日记来鼓励自己。后来，赫兹真的成功了，成为一位著名的物理学家。

榜样之所以能够起到激励人心的作用，关键在于这是成功者足迹的再现，用经过实践检验过的道理告诉人们，路应该怎么走，人生应该怎样度过。一个榜样就像一盏明灯，他能点拨后进者的智慧之门，启迪人们的心灵；此外，一个榜样也可以使意志消沉者精神得到振奋，思想混沌者受到启迪，善于思考者会获得答案，命运坎坷者不再叹息而奋起搏击。

一个优秀的榜样是青少年学习、生活各方面的楷模。我们在日常生活中，应该怎样来选择优秀的榜样呢？

第一，选择适合自己的榜样

由于每个人的性格、素质、愿望、兴趣不同，所以各自心中都有不同的偶像。比如，发奋者喜爱强人贤哲、人类精英；军人崇拜拿破仑；儿童崇拜米老鼠和唐老鸭；喜剧爱好者崇拜卓别林。所以，青少年必须根据自己的性格特征和喜好，为自己选择信服的榜样，这样才能真正触及自己的心灵，起到激励的作用。

第二，榜样要具有时代性

我国社会刚进入网络时代时，有关部门曾对南京的学生在选择榜样的问题上做过一次调查。调查显示：南京大学生选的95%的人选和南京高中生选的91%的人选都把榜样选择为“现实—理性—相对型”名人。据分析，当代中国青少年榜样教育的现状，即“榜样目标现实化，榜样价值观多元化和榜样形象偶像化”。这说明了社会在进入转型和信息网络时代以后，相对于传统的榜样，社会中已涌现出了新的榜样模式。

比如白芳礼，他本只是天津一个平凡的老人，却因为他支教的事迹感人，在百度搜索中显示找到约12万余篇网页，并且有大量的由普通网民所发表的分析、学习、赞美文章；又如李开复，百度搜索显示找到480余万篇网页，众多学子以这位优秀的成功人士为榜样；还有电视剧《潜伏》中的余则成，原因是他千言万语的欺骗，只为完成国家和平的理想；电影《阿甘正传》中的阿甘，理由是别人不懂他，他也不懂别人，但他懂自己。

从这些例子可以看出，新时期的榜样更加多样化、大众化。虽然在成功的同时，他们也会拥有缺点和不足，但是却不妨碍他们成为各个领域中的榜样，甚至这种不足使他们更加贴近人们的生活，使人们能够感觉到榜样是可触及和学习的。

第三，榜样要具有可效仿性

选择榜样不能好高骛远，选择一些身边优秀人才作为自己的榜样，不失为一个好办法。人们通常愿意听取年龄相仿、知识背景、兴趣爱好相近的同伴、朋友的意见和建议。因此，青少年可以选择邻居家的大哥、大姐姐，或是身边的同学、朋友，他们通过自己的努力取得了优异的成绩，并有着令人信服的人格魅力。

第四，利用榜样学会自我暗示

伦敦大学的罗勃·博哈利博士在教弱智学生学习时说："想一个你认识的很聪明的人，然后闭上双眼，想象你就是那个聪明人。"学生们照做后，接下来的测试结果显示学生们的分数都显著提高。

为什么这种积极的自我暗示会如此神奇呢？主要是因为，如果人们调动了全部身心，投入到非常生动的想象中去，大脑的潜意识便分辨不出什么是现象，什么是想象。然后大脑就会按照你在想象时创造的记忆线路，自动下达行动指令，引导你走向强烈设想的情境。

当我们参加一些富有挑战性的活动，或是学习中遇到困难时，我们可以暗示自己：要像榜样一样优秀，沉住气、要冷静，胜利一定属于自己。这样在无形中，自信心得到了增强，情绪也会慢慢冷静下来，最终能够克服困难，取得优秀的成果。

2. 关注生活，细心观察

我们生活的世界丰富多彩，认识世界最初的方式就是用眼睛去观察，观察在人们的一切实践活动中都具有非常重要的作用。

翻开科学发展史可以看到，许多科学家都偏爱于观察。达尔文创立进化论，建立在长达五年的自然观察基础上、哈雷发现哈雷彗星，建立在前人长期观察的基础上、X 射线的发现来源于实验观察……

法国微生物学家、化学家路易斯·巴斯德，就是通过观察获得炭疽病因的。

炭疽病是由炭疽杆菌引起食草动物的急性传染病。一种人畜共患的急性传染病。人因接触病畜及其产品或食用病畜的肉类而发生感染。巴斯德在研究中很想知道有的地方为什么不断发现炭疽病，而且总是发生在同样的田野里，有时相隔数年之久。于是，他从埋了12年之久，死于炭疽病的羊尸体周围土壤中，分离出这种病菌。他奇怪这种有机体为什么能这样长时间地抗拒日照以及其他不利因素。

一天，巴斯德在地里散步，发现有一块土壤与周围的颜色不同。于是去请教当地农民。原来，在前一年这里埋了几只死于炭疽病的羊。他立即进行详细观察，他注意到土壤表层有大量由蚯蚓带出的土粒。对此，他想到蚯蚓来回不断地从土壤深处爬到表层，就把羊尸体周围富有腐殖质的泥土以及泥土中包有炭疽病的芽孢带到表层。巴斯德接着进行实验。经过不断的观察，他终于找到了病因：接触了蚯蚓所带泥土的豚鼠得了炭疽病。他的发现，为世界预防流行病事业作出了卓越贡献。

关注生活，从生活中发现有用的信息，可称为是一种激发学习兴趣的好方法。

鲁班是我国春秋末年的能工巧匠，人们尊称其为木工的开山鼻祖。一次，他的手被草叶子划破了。他仔细一看，草叶子的两边布满了小齿。鲁班从中得到启发，发明了带有锯齿的铁片，锯子的发明大大提高了木工的工作效率。

1987年，安徽一名普通的教师沈朝军看到自家的小猪口渴想喝水，顺手从沼气池里舀了一瓢沼液倒进食槽，看到小猪很爱喝。这个有心人就开始试验，每次喂猪都在饲料里添加一定的沼液。一个月后，小猪毛色光亮。后经专家考察分析，发现沼液中含有多种氨基酸、多种微量元素、维生素、葡萄糖、果糖和大量细菌蛋白等营养物质，能促进猪的生长发育。后来，又有人用沼液喂鱼，效果同样不错。

关注生活的例子还有很多：画家莫尔斯在听演讲时大受启发，发明了莫尔斯电码；化学家道尔顿给妈妈买了一双袜子，发现了色盲症；医生邓禄普浇花时受到启发，发明了自行车轮胎……

他们的发现都是来自于生活，发现是多种多样的。只要我们留心生活，在生活中发现、思考和探索，我们的思维就会被激活，兴趣就会被激发。这是我们学习的一个新视点。我们在日常生活中，又该如何做到细心观察呢？

首先，带着目的观察。当一个人想通过观察得到些心得体会的时候，那么这种观察就必须带有明确的目标和目的。具体操作前可以明确一些问题，比如要观察什么？在何时何地观察？想要观察多少次？用什么方式、手段来观察，等等。要坚持这样做，时间久了，你会有所收获的。

其次，学会用心观察。观察是通过眼睛看、耳朵听、鼻子闻、嘴巴尝、手触摸等去有目的地认识周围事物的心理过程，是一种有目的、有计划、有步骤的知觉。所以，我们在观察时，必须要学会专心致志。

第三，观察方式灵活多样。你可以根据观察不同的对象，选择不同的观察方法。

（1）全面观察。对事物要善于从不同角度来观察，要观察事物的各个方面，各种特征。然后，再观察它们之间的联系，从而对事物有一个全面的认识。比如说，要掌握青蛙的解剖知识，就要首先观察了解青蛙的组织结构和主要器官，然后再观察各器官、各系统之间的位置关系，从而对青蛙有全面和整体的认识。

（2）长期观察。要在比较长的时期里，对某些事物或现象进行系统的观察。这是由于所观察的事物有它自己的发展过程或周期，有时发展过程很慢，周期很长，所以决定了观察的长期性。比如，昆虫学家法布尔，为了解雄蚕蛾是如何寻找雌蛾交配的，整整观察了6年。还有学习气象知识，长期坚持观测天气，等等，都要用长期观察的方法。

（3）比较观察。进行比较观察，有利于迅速抓住事物的共性和个性，以获得清晰的印象，从而抓住事物的本质。比方说，对鱼类、两栖类、爬行类、鸟类、哺乳动物的心脏进行对比观察，就可以从心脏的构造上看出进化的趋势。还有，比较观察长方形和正方形，就可以掌握各自的特征，等等。

（4）重复观察。有些事物或现象出现的速度非常快，稍纵即逝，所以要多次地观察，才能得到知识的精确性和深刻性。比方说，你想观察昙花开放时的整个过程，但它开放的时间既不固定，而且很短，所以有时就需要多次的观察才能成功。

第四，查阅相关资料。如果对自己的观察结果不满意，那么也可以利用互联网、图书馆、书店等查询相关资料。通过这样的查阅过程，我们可以很好地掌握有关的知识，比如植物、植物的分类，某类动物或植物的特点、生活习性以及有关动物仿生学等方面的知识。

最后，写观察笔记。把自己每次观察的“火花”都记录下来，会帮助我们总结以往的思考，使自己对问题有更清楚的认识。观察笔记的内容既可以有对各种学习活动的反应，也可以有对某个问题的思考过程，解决某一问题的体会，等等。

3. 遇事多问“为什么”

“山重水复疑无路，柳暗花明又一村。”学习兴趣就是在不断的探究之中变得越来越深刻。牛顿发现万有引力，瓦特发明蒸汽机，都是来源于日常生活中常见的现象加上问号，然后去钻研，并从中悟出道理来。因此，平时要留心观察一切事物，多给自己提一些“为什么”。

诺贝尔奖获得者、美籍华人物理学家李政道教授一次在同中国科技大学少年班学生座谈时指出：“为什么在理论物理领域作出贡献的大都是年轻人呢？就是因为他们敢于怀疑，敢问。”他还强调：“一定要从小就培养学生的好奇心，要敢于提出问题。”

还有一次在给学生做报告的时候，他忽然把身体侧过去，让学生看他的头的侧面形象，并比划说：“假如由我的眉毛沿着额角、头顶、后脑勺直到脊柱，画一条弯曲的线，那是标点符号的什么号呢？”学生们立刻回答说：“问号。”“对了，我们人类头脑的侧面形象就是一个大大的问号。人生在世，一定要勤于、善于提出问题啊！假如我们不善于提出问题，我们就对不起自己，就不配称个人！”

也许他的最后半句话说得有点儿重，但是他的这两次讲话却非常清楚地道出了问问题的重要性。

从横的方面看，好奇心、求知欲、兴趣是互相促进、彼此强化的；从纵的方面看，三者又是沿着好奇心—求知欲—兴趣的方向发展的。我们一方面要促使好奇心尽快地向求知欲发展，最终培养良好的学习兴趣；另一方面我们也要珍惜好奇心，增强求知欲，提高兴趣水平，使这三种心理因素都得到培养和发展。这样，学习活动才能顺利开展，学习效果才能得以提高。

我们在日常生活中，如何才能做到善于发问呢?

第一，培养“问题”意识

要在观念上转变一种对学习的看法，那就是学习不仅仅是记住知识，还要学会发现问题，提出问题。如果你在心里只是认为学习就是听课、看书、做作业，就是努力记住所学的东西，那么你就不会主动去发现问题，提出问题，更不要说问问题。

大家应该听过“守株待兔”的故事，很多人听到这则寓言时都会一笑了之，很少有人会想到从这则寓言故事里会引出一个科学上的发现。然而，一位细心的生物学家却没有放过它。他想：“为什么兔子会自己撞到树上?”后来，他不断研究，终于得出了结论：兔子的眼睛长在两侧，两眼所成的像并不能完全重合。因而，在它的正前方有一小片“盲区”，当它被敌害追踪时，完全有可能“慌不择路”，撞树而死。

这位生物学家正是有了“问题”意识，才让他在科学领域有了新的发现。所以，对一个青少年来说，要学会有疑而问，由问而思。

第二，要敢于问问题

习以为常、耳熟能详、理所当然的事物充斥着我们的生活，使我们逐渐失去了对事物的热情和新鲜感。经验成了我们判断事物的唯一标准，存在的当然变成合理的。随着知识的积累、经验的丰富，我们变得越来越循规蹈矩，越来越老成持重，于是创造力丧失了！想象力萎缩了！

换个角度想问题，勤于思考，往往会柳暗花明，给我们带来惊喜。

伽利略是意大利著名物理学家和天文学家。他在母校比萨大学任教时，做了一件令科学界大为震惊的事情，那就是他否定了当时的物理学权威亚里士多德的理论——“物体降落的速率和该物的重量成正比关系”的理论。当时比萨大学的师生绝大多数是相信亚里士多德的，在这种情况下，一个25岁的年轻人，不盲从权威，向权威挑战。

他选择了比萨斜塔作为实验场所，请来了许多教授观看他的实验。他带来两个铁球，一个重一磅，一个重十磅。他站在斜塔上告诉观众们：“这两个铁球，一松手会同时落地。”这时，下面的人群纷纷嘲笑起来，骂他是个疯子，甚至有人还高呼：“亚里士多德的理论万岁！”伽利略最终以事实顶住了所有的嘲讽和压力，他一松手，两个大小不一的铁球同时落地，实验成功了。

由此可见，权威理论也只是在一定时期一定场合才适合，它不是万能的，只有敢于打破常规，才能发现新的契机。

第三，要善于提问题

鲁迅先生之所以常有独到的见解，是因为他从来不满足于现成的结论，遇事喜欢问一个“为什么”。他在“五四”运动时期发出的第一声呐喊就是：从来如此，便对吗？正是从这个令人震惊的

“问号”出发，他破除了几千年“从来如此”的传统观念，揭开了“吃人”——这个封建社会的秘密。

设疑概括地说，主要有两种方法：

一是分解整合。就是把一个问题从不同层次和不同角度分解成几个小问题来问，然后再加以概括归纳，这样比较容易把问题讲清楚。

二是阶梯设疑。就是设计的问题要由浅入深，由易而难，步步推进地解决问题。切不可一锹挖口井，一口吃个胖子。

第四，向尽可能多的人请教

韩愈说：“圣人无常师。比己强者，等于己者，不如己者，均可以问。”凡有长处的人，我们都应向他们学习，比如本班，或是其他班的老师、长辈、同学，等等。

另外，如果自己对网络比较熟悉，而且上网比较方便的话，也可以通过网上的相关论坛提出自己的问题，请人回答，或是通过电子邮件，请网上的名师来回答。

第五，记清问得的答案

人之所以有问题，是因为对某一方面存在疑问。如果能够将疑问解决，得到答案，这就是提高。但是，如果只满足于问，而问过之后就抛之脑后，那样价值就不大了。为了提高后继效果，自己可以专门准备一个本子，每次将疑问和答案从头到尾仔细地记录下来，一段时间后拿出来翻阅一遍，一定会大有帮助。

青少年遇事要多问几个“为什么”，多提几个“怎么办”，从事实、需要出发，去思考问题，探索问题，寻找新的方法、新答案、新结论，从而不断拥有新的发现、新的兴趣。

4. 善于使用现代化工具

古代人与现代人对社会的认识和贡献，两者之间的差距大得惊人。最为关键的一点就是，现代人学会了使用机器和工具来获取和积累自己所需要的信息，更加讲究学习和工作的效率。比如，古代没有机器，所有的事情都必须依靠手工来完成，现在因为有了机器，一台机器、一种工具在一分钟里完成的工作量可能比一个人一生手工劳动的工作量还要多。学习同样如此，如果借助于现代化工具，获取信息的途径不但增多了，而且效果也会大大提高。更有甚者，很多学习内容如果不借助于学习工具，是不能完成的。比如，计算一个非常大的天文数字，如果不借助于现代计算机或电脑，你根本无法完成计算。

每一个懂得享受学习乐趣的人，都应大胆地突破传统的学习方法，充分地享受现代化工具所带给学习者的各种便利。因为，它们将最大限度地提高你的获取知识的速度，最大限度地提高你的学习效率。

（1）利用随身听随时随地学习

据调查，在校学生几乎每一个人都拥有一台随身听。随身听其实就是非常轻便的小型录音机和收音机的结合体，家庭条件好的同学还会有复读机和 MP3、MP4 等高科技产品。但是，有很多学生不知道利用这些工具来进行学习，往往只是听听音乐作为娱乐。如果日常生活中将这些“听”用于学习，一定会收到意想不到的效果。

这些电子产品轻便，便于携带。无论到什么地方，都可以拿出来学习。而且，还可以反复学习。当我们对一个知识点、一个单词的发音拿不准的时候，可以通过复读机、MP3、MP4 等工具反复练习，直到弄懂了为止。有一位学生曾说："这东西就是好，老师不可能对一个发音练习无数次，但有了它们就可以了，你需要听多少次，就读多少次。"

收音机已被人们使用几十年，利用广播来学习是一种很实用的学习方法。收音机里的英语广播节目所使用的语言都比较规范、地道，尤其像 BBC、VOA 等广播电台能为我们提供非常地道的英语语言范例。你在听的过程中，不仅听力得到了训练，而且也掌握了大量的生词、词组、成语及习惯用语、流行词语，等等，还能了解更多西方国家的文化背景知识。这对于你写作能力的提高和眼界的开阔都是有很大帮助的。

（2）通过 CD 和 VCD 来学习

随着科技的进步和人们对各种教育方式的逐渐认可，出现了很多录音教程。这些课程通过 CD 和 VCD 就可以学习。

通过 CD 和 VCD 来学习，不仅可以随时随地地多次播放学习材料，还可以永远都是一份授课副本供日后复习。但是，它们在使用的过程中也存在一些不足，比如，这种学习方式可以随时中断，久而久之会对中断习以为常，从而使学习缺乏连贯性和系统性。再比如，这种学习方式缺少一个大环境，学习者有时在看或听的时候很难像上课一样集中注意力。

所以我们在利用这两种工具进行学习的时候，应该告诉自己像对待真实课堂一样对待每一次学习。学习时，还要记笔记。

（3）通过网络查找需要的信息

2003 年 4 月，中国北京等地“非典”疫情大爆发。为避免感染“非典”，北京 170 万中小学生不得不离开校园。学校正常的教育秩序受到巨大的冲击。北京市教委开通了“教委网校”，为全市中小学生提供在线答疑和教学辅导，保证学生在家里也能正常地学习和复习，以尽量减少停课放假对中小学生学习造成的影响。在线学习方式在非常时期发挥了巨大的作用。

现在的网络技术已非几年前我们所想象的那样了。在因特网上，不仅可以获取全世界的和各类信息，还可以收发电子邮件，召开视频网络会议，进行网上购物，更可以进行网络学习……作为一名好学者，通过网络学习的方法已经势在必行。

（4）建议网络交流群体

学习是个交流的活动，没有适当的交流，不可能提高学习的质量和效果。利用因特网学习交流同其他的手段相比，有许多优点，比如信息量大、交互性强、知识更新快等。通过网络形式进行学习时，可以考虑利用相应的网络工具建立自己的交流群体。

博客　目前，国内博客的服务提供商很多，既有免费的也有收费的，服务的质量不同而已，提供的空间不同而已。学习可以在各大网站建立自己的博客，将自己的想法和疑问，写到里面，供别人参考，和大家讨论。比如，新浪博客、搜狐博客、TOM 博客、中国博客网，等等。

网上聊天　网上聊天有语音视频聊天和文字聊天两种。通过网络，可以跟世界各地的网友聊天。目前，流行的网上聊天软件有国内的 QQ 和微软的 MSN，都可以文字聊天或语音视频聊天。通过 QQ

或 MSN 聊天，可以锻炼和提高学习者的英语听说能力。QQ 软件可以在 http：//www. qq. com/直接下载安装，安装后申请一个 QQ 号码即可使用。MSN 是微软 Windows 自带软件（http：//cn. msn. com/），初次登陆要填写用户资料。

收发 E-mail　网络快速发展的今天，收发 E-mail 是最流行的书面交流方式。利用 E-mail 进行英语交流，是练习写作的好方法。一方面，可以把写好的作文 E-mail 给老师批改，或者发给同学，相互学习，互相修改；另一方面，可以通过 E-mail 进行交流，特别是跟外国朋友交流。

网络交流方式一定要在保证不干扰正常学习进度的前提下进行。将这些学习方式列入自己的学习计划当中，坚持按计划行事。我们利用网络，把它当作是学习的工具，目的是为了更快更好地获取信息，进行有效的学习。所以，我们不可以沉迷于网络，而荒废了学业。

当今世界，谁善于辨识信息、捕捉信息、利用信息，谁就是信息的主人。每一个想要快速学习的人，都应大胆地突破传统的学习方法，充分地享受现代化工具所带来的便利，去最大限度地获取所需要的信息，提高学习速度和效率，做一个快乐的学习者。

5. 学会与他人合作

从前，有两个饥饿的人遇到了一位长者。长者给了他们两样东西：一根渔竿和一篓鲜活硕大的鱼，任选其一。

一个人要了一篓鱼，另一个人要了一根渔竿，于是他们分道扬镳了。

得到鱼的人在原地用干柴搭起篝火煮起了鱼，他狼吞虎咽，还没有品出鲜鱼的肉香就把鱼吃完了，接着把汤也喝了个精光。不久，他便饿死在空空的鱼篓旁。另一个人则继续忍饥挨饿，提着渔竿一步步艰难地向海边走去。可当他看到不远处那片蔚蓝色的海洋时，他的最后一点力气也用光了，只能眼巴巴地带着无尽的遗憾撒手人寰。

后来，又有两个饥饿的人，他们同样得到了长者恩赐的一根渔竿和一篓鱼。只是他们并没有像前两个人那样各奔东西，而是商定共同去寻找大海。他俩每次只煮一条鱼，经过遥远的跋涉，终于来到了海边。从此，两人开始了以合作捕鱼为生的日子。几年后，他们都过上了幸福安康的生活。

人不是孤立的，而是生活在群体中的，所以我们要充分考虑自己的现状，善于和别人一起分享，把两者的长处有机地结合起来，共同去接受生活的挑战，如此才有可能避免陷入生存绝境。

学习同样如此。每个人的能力都是有限的，善于与他人合作的人，不仅可以吸取他人身上的长处，还可以弥补自己的不足。有句名言说得好："帮助别人往上爬的人，会爬得最高。"

美国华盛顿大学的心理学家们，曾让参加初级社会心理学讲座的学生去试验。这个试验叫做"成对指导"的教学方法。选择212名学生，让成绩好的同学和成绩差的同学两人搭配成一对，坐在一起听课，并设法能使他们互相刺激对方，告诉他们最后的评定以"两人所得分数的平均分作为两者的成绩"。其他170名学生，则和往常一样上课，没有什么变动。

结果，不曾搭配成对的学生学习成绩，获得最好成绩A的人仅有20名，获B的人80名，C有57名，被评定为下位D和E者竟有13名之多。而以“成对指导方式”上课的学生，不仅整体平均分数比前者优越，分别来看，成绩是A者的有37名，得B者148名，C者27名，得D和E者则为零。

从这些结果可以很清楚地看到，学生的互相刺激及切磋，能使成绩较差的学生振奋起来，赶上去，成绩好的学生则更上一层楼。这也正体现了合作的巨大魅力。这里所说的合作，不仅包括课后与其他同学的共同学习，与他人的共同讨论，还包括课堂上的互助合作。

学生们在合作学习过程中，能够学会树立信心，学会尊重他人，学会怎样完成任务，取得成就，同时也能获得别人的承认和欣赏。那么，如何培养这种品质呢？

第一，做到资源共享

在学习中，有一部分学生不希望别人比自己强，总爱一个人偷偷地学习。一个人买许多的参考书，但决不允许他人借阅。这样的同学就把自己孤立起来了，做不到与同学们交流思想，沟通心得，这种做法只能给学习和生活带来压力和痛苦。

学习从本质上讲，就是资源共享的过程，自私自利无异于搬石砸脚。伸出手来，拉人一把，会有更多的手向你伸来相助。合作是人类社会的普遍现象，人与人之间的合作是必不可少的。与他人合作，不仅能拉近你与其他同学的距离，而且能让你和其他同学一起分享学习资源，一起讨论。

在生活中，合作是一种比知识更重要的能力，是一种体现个人品质与风采的素质，也是素质教育的重要内容。

第二，乐于助人

帮助别人，也是一种加深自己对知识理解，激发学习兴趣的好方法。因为在你给他人讲解的过程中，加深了自己对知识的理解、把握和记忆。如果你对他人请教的知识，自己也不清楚，那么你可以动手查阅相关资料，在这个过程中，你也得到了学习。

将自己的成果与他人分享，既可赢得友情，又能巩固知识，同时在传授时，易于激起思想火花，他人也能给自己以启发。

第三，多与他人交谈

我们所说的交谈，是学习者有意识地通过和周围的人进行谈话，以此巩固已学知识并获取新知识。与人交流，是一条重要的学习渠道。我们日常生活中的许多知识、经验，往往是在交谈中获得的。

交谈的对象不要仅仅局限于同学、朋友，其实，老师和家长同样是很好的交谈对象。

老师不仅是知识导师，更应该是生活中的朋友。多找老师谈心，与每一位老师谈心做朋友，对自己的学习、生活、交际等各方面都大有益处。和老师谈心，话题不只是谈和学习有关的，可以是多角度、多方面的。衣食住行都是很好的话题，既可增长常识，又能调节学习。

多与父母沟通，彼此间信赖感就体现在无话不谈的交流氛围上面。

据有关部门调查，目前我国五千万青少年中约有20%心理发育不全或心理不健康；18～35%存在学习困难、厌学、恐学、逃学和学习适应不良问题；有心理和行为问题的小学生约为13%、初中生约为15%、高中生约为19%、大学生约为25%；12%的学生患有精神疾病，5.9%的学生患有各种神经症和其他心理疾病。

以上令人震惊的事例和统计数字清晰地告诉我们，要经常与父母沟通思想，疏导内心的困惑、消除烦恼，营造一个良好的学习生活环境，这样才能够健康成长。夏夫尔·马丁说："最理想的家庭生存取决于成功的思想交流。"约翰·科德·拉格曼曾说："许多孩子喜欢向父母讲述故事，这是保持他们思想活跃的绝妙方法。"

交谈可以从自己在学习生活中遇到的疑难问题开始。在交谈中要虚心听取对方的意见，补充自己在记忆上、理解上的不足；同时要抓住机会说出自己的感受和收获，做到相互交流信息，相互激励和启迪。

6. 多走，多看，多想

业余时间可以说是生活中最自由的时间。学者们认为，业余时间是参悟和沉思的最佳时机。艺术家们认为，业余时间是他们发挥灵感的最好时段。业余时间使他们认识到自身的价值，他们因此而愉快和对生活充满信心。在现今生活节奏加快的年代，人们更需要好好利用业余时间。青年时期是人类生命的花卉中最美丽的时期，荒废青春年华的人将永远后悔不已。因此说，青少年怎样度过业余时间是非常重要的。

有这样一个故事：

有一位商人很少出国，他的朋友们都劝他多到几个国家走一走，但他老是认为自己太忙，没有时间。他对朋友说，自己的生意还不错，出去走一走就是浪费时间。每天，这位商人都拼命地工作，然而遗憾的是，他的生意却每况愈下。他不得不对朋友说："现在的生意怎么这么难做呢？我自己也搞不清楚自己经营失败在什么地方。"朋友对他说："你现在必须出去看一看，走一走了。"可是，固执的商人仍旧认为朋友提出的建议除了浪费时间外，没有任何意义，他依旧与往常一样努力工作。

不久，商人把生意交给了儿子经营。他的儿子听从了前辈的建议，先后到美国、加拿大、澳大利亚、印度等国家旅行了一圈，而且这样的旅行几乎把商人几十年的积蓄都用光了。商人知道后非常生气，骂儿子要败光他的家业。可是，儿子却告诉商人，他会在三年内把生意做得比他父亲任何经营阶段都要红火。

原来，商人的儿子是借旅行考察国外市场了。他通过比较分析，总结出了一套全新的市场运作模式：从原料价格较低的国家进口原料，在本国加工后，再出口到成品需求量较大的国家。这样的动作模式取得了巨大成功。就这样，一个濒临倒闭的企业起死回生，重新发达了。

商人感慨地说："我犯了一个错误，只埋头工作而不抬头看路。把自己的手脚束缚住就等于束缚了自己的头脑。我现在已经上了年纪，再也无法修正这种错误了，幸好我的儿子与我不一样。"

上面的故事告诉我们：每天埋头苦干拼命地工作，并不一定能够换来好的成果。有时，需要多到外面走走、看看、做做，吸取经验，开阔思路，不失为一种好的做事方法。学习兴趣同样如此，不是每天埋在书本里就可以培养出来的。尽可能地在多的地方留下足迹，这不仅可以增加我们的人生阅历，丰富我们的生活，也会提高我们的应变能力，获得更多的人生经验和乐趣。在更多的地方留下足迹，对于人的一生来讲是一笔巨大的财富。

那么，在日常生活中，有哪些地方值得我们一去呢？现将几个不错的去处推荐给学生们：

（1）博物馆

博物馆是一个国家、地区的文化符号，记录并标志着文明发展的过程和水平。国际博协对博物馆的界定“博物馆是收集、保存、研究并展示人类及其环境见证物的非赢利的永久性机构”，确立了博物馆的性质和应具备的功能。通过参观博物馆，可以使今天和未来的人们能够了解不同时代、不同地区、不同民族的历史、文化和艺术。

（2）科技馆

400 多年前，葡萄牙航海家麦哲伦用了 4 年时间，乘船完成了人类第一次环球旅行，这在当时是多么伟大的壮举啊！然而今天，我们拥有了地上的汽车、高速火车、磁悬浮列车；地下的地铁；空中的飞机，太空的宇宙飞船、航天飞机。以前无法想象的事情如今都成了现实。交通工具的不断发展，也在告诉我们科技力量的伟大。如果现在去周游世界，那所用的时间一定会少得令人吃惊。因为现代科技力量总会给人惊喜。

现代科技力量是伟大的，我们一定要勤于学习、善于学习，尽可能多地掌握科技知识。但是，学生在学校里学到的科技知识是远远不够的，必须通过其他途径及时进行补充。否则，就会越来越落后于科技的发展。参观科技馆，可谓是一个好去处。在那里，不仅可以让我们了解更多的科技知识，而且还可以看到现代科技的最新研发成果。

（3）著名大学

著名大学之所以著名，就是因为有她独到的地方，在某些方面或综合实力上，一定位于众多大学前列。在中国，著名大学有北京大学、清华大学、中国人民大学、浙江大学、南京大学、复旦大学、南开大学、武汉大学，等等。参观著名大学，就等于在我们幼小的心灵种上希望的种子——自立自强，到著名大学读书，成为国家栋梁。

（4）动、植物园

动物园或植物园里都有对内存动、植物的详尽介绍，我们可以与它们近距离地接触，这些都为我们了解动、植物提供了很大的方便。

一位中学生在去过动物园后，写下了这样感慨的文字：

“在和动物的相处中，我深刻体会到了人与动物之间相依相存的美好情感；体会到人与自然的和谐发展对于人类未来幸福生活的重要性。在了解、研究动物的过程中，在克服困难的过程中，在展示活动成果的过程中，我更是感受到了获得新知识、获得成功的无比快乐。虽然，这次实践活动已经画上了句号，但我想，我对动物的探索还会继续，对动物的关注、热爱和保护将伴随我一生。”

这种体会不是纸上谈兵的见解，而是通过自己实地考察得出来的深刻结论。这种方式的学习不仅增强了我们对动、植物的了解，更激起了我们进一步研究它们的兴趣。

7. 学以致用，乐于实践

培根“知识就是力量”的口号提出以后，又明确指出：“各种学问并不把它们本身用途教给我们，如何应用这些学问乃是学问以外的、学问以上的一种智慧。”也就是说，有了同等知识，并不等于有了与之同等的能力，掌握知识与运用知识之间还有一个转化过程，也就是学以致用的过程。

如果有知识不知应用，那么拥有的知识就只是死的知识。死的知识只是一堆材料，不能产生智慧和力量。因此，在学习知识时，不但要让自己的头脑成为知识的仓库，还要让它成为知识的熔炉，把所学知识在熔炉中消化、吸收。

一位初中生写了一篇谈“学以致用”的作文：

在这个星期里，我们班就发生了这样一件事。星期一下午，我到化学实验室去上化学课，实验一点一点地进行着。就在离下课还有两分钟时，我意外地发现，在我的抽屉里，居然有一个崭新的“诺亚方舟”牌的电子词典。要知道，我昨天才买了一个文曲星，今天又捡了一个，真是太走“狗屎运”了！“铃铃……”这时下课铃响了。化学老师离开了教室。这可怎么办呢？

就在这个时候，小朋走到我的身边，惊奇地发现我的手里有一个电子词典（要知道，我可是班上的“难民”），就问：“你怎么有个文曲星呢？莫不是你捡来的吧！”等他知道真相后，就感叹道：“你太走运了，反正你已经有一个文曲星了，不如把这个给我吧！”唉，这个小朋，又打鬼主意，我在心里说。而嘴上却说：“这怎么行，这是别人的财产，你无权动它。”一路上，有几个同学都向我提出这个问题。莫不是所有同学都有着这么强的私心？我心里不禁产生了疑惑。

“小明，我捡了一个电子词典，你要不要？”我故意这样问。“真的，这样的好事我求之不得呢！”我一听到这个回答，心里马上凉了一截：连思想品质不错的同学都这样说，这个世界真是太灰暗了。

在思想政治课中讲过：“捡到他人遗失的钱物不归还是违法的行为。”照这样说，如果我们班的同学捡到了东西的话，那基本都会归为己有，那都会违反法律。学习了知识就要应用到实际生活中去，思想政治也一样，思想政治是用来美化我们的思想，是用来提高我们的道德水平，如果我们学了思想政治而不运用到实际生活中去的话，那就等于白学。课堂40分钟也就浪费了！

同学们，请你们记住“学以致用”这个成语，你们的成绩、能力都会大大提高的。

一个初中生的简单作文道出了一个深刻的道理：我们学习知识不能只啃书本，而不运用。不然，你还是原来的你，没有任何改变，没有丝毫进步，这样的学习毫无意义，更无兴趣可言。

为了将学得的知识应用于实践，学习者可以通过参加哪些活动来实现呢?

（1）创新大赛

这样的大赛是一项具有示范性、导向性和群众性的活动，活动的目的就是为了促使参加者能够深入理解科学技术与社会的相互关系，激发参加者对科学的兴趣。通过知识的学习、技能的掌握和活动的参与，使学生初步领会科学的方法论，提高观察能力、思维能力，从而促进学生自身科学素质的全面提高。

（2）科普活动

科普活动可以丰富青少年的科技经历，拓宽青少年的科技视野，对青少年科技兴趣、创造力、想象力的培养起到了不可低估的作用。科普活动的另一个很微妙，又很重要的作用就在于，它能吸引原本对科学学习无兴趣、无积极性的青少年学生。很多在学校讨厌上科学课的学生，在到科技馆参与动手型科学探究活动之后，改变了对科学的看法。

一位中学生在参加完科普夏令营后，写下了这样的文字：

“我乘坐了磁悬浮列车，感受了那风驰电掣般的速度。我又去了科技馆，开始了那神奇的科技之旅。整个科技馆以‘自然、人、科技’为主题，分生物万象、地壳探密、智慧之光、设计师摇篮、视听乐园等诸多展区。每个展区主题鲜明，知识含量丰富，从实物、模拟、图像、文字、声音到讲解的内容、形式都让我充分感受了科技的奥秘与科学的魅力。这次活动集知识性、趣味性、体验性于一体，让我沉醉其中。同时，我深深感受到了现代科技的飞速发达，也萌发了学无止境、不断充电、紧跟时代步伐、长大为社会作贡献的美好愿望。”

（3）征文比赛

“作文就是老师让写的，考试要考的，仅此而已。”正是这种认识上的误区，直接导致学生对于写作的兴趣不够，主动性差，也从而影响其作文能力的提高。

事实上，写作是我们人类的一项基本活动。我们要较好地与人交流，就必须具备较好的写作能力。这也就是我们要写作文的根本原因。作文重要，也重要在此。

尽可能多地参加征文比赛，在实践中不断锻炼写作能力。用这种形式提高写作能力，效果是非常明显的。

（4）演讲比赛

要知道，一个善于演讲的人必定是一个有着良好语言表达能力的人，也一定会有丰富的知识、优秀的心理素质，而这些都将是青少年未来事业的有力支撑。

古今中外，深具影响力的人士中99%都是演讲高手，都是善于与公众表达沟通的大师！正如英国前首相丘吉尔所说："一个人可以面对多少人，就代表这个人的人生成就有多大！"

所以，我们要抓住难得的机会，在众人面前体验激情的演说，把自己的思想、习得的知识用这种最好的方式传播出去。

顾炎武用"行万里路，读万卷书"来表达自己的学习主张。儒家大师朱熹也提出"先须熟读，使其言皆若出于吾之口，继以精思，使其意若出于吾之心"。学习的目的在于将其应用，指导人们的生活。通过应用，学习者体会到了学习的用途和乐趣，从而才愿意更加深入地进行学习。学习—实践—学习，如此良好的循环方式，周而复始地进行下去。

开心小测试：你的自我管理能力如何

请如实地以“是”或“否”的形式回答以下问题：

1. 一旦你下定了决心做某事，即使同学反对，甚至家长和老师也不完全赞同，你仍然会坚持做到底吗？（　）
2. 你不爱或很少欣赏自己的照片吗？（　）
3. 对老师的赞赏，你会持怀疑态度吗？（　）
4. 你认为自己是个比较完美的孩子和学生吗？（　）
5. 无论在家里还是学校，你都认为自己是个受欢迎的人吗？（　）
6. 班会上，面对班主任和众多同学，你很少发表真正的见解吗？（　）
7. 你总爱低着头走路吗？（　）
8. 你认为你的优点比缺点多吗？（　）
9. 你任由父母、老师或同学来支配你的生活吗？（　）
10. 在未做一件事之前，你总觉得能够成功吗？（　）
11. 如无特殊情况，你每天都能早起吗？（　）
12. 你为了能够增强自己体质和毅力而热爱长跑、爬山等体育运动吗？（　）
13. 你做事常常是“吃着碗里看着锅里”，兴趣游移不定吗？（　）
14. 你下决心坚持的事情（如每天背诵一首唐诗宋词），不论遇到什么困难（如要复习期末考试），都能够持之以恒、坚持不懈吗？（　）
15. 你的作息时间没什么标准，完全靠一时的兴趣与情绪决定，常常突

然变化吗？（ ）

16. 在学习中遇到了难题，你首先想到的是先问一问同学或老师吗？（ ）

17. 你办事拈轻怕重，致使家长和老师都不放心让你干难度较大的事情吗？（ ）

18. 你能长时间做一件无比重要，但又十分枯燥的事情吗？（ ）

19. 你坚信：一个学生的成功取决于良佳的机会，而非他的个人奋斗吗？（ ）

20. 你认为老师布置的作业不必太认真，会做就做，做不好就应付一下算了，是吗？（ ）

21. 你正在同学家做客，茶几上放着一盒你非常爱吃的巧克力，但你的同学无意给你吃。当你的同学离开房间时，你会静坐着，拒绝巧克力的诱惑吗？（ ）

22. 跟同学发生争执时，有时虽然明知自己理亏，你却忍不住说一些过头的话，甚至开口谩骂吗？（ ）

23. 你尊敬师长，礼待同学，从不无故发脾气吗？（ ）

24. 有一天，在你值日的时候，发现同桌的日记摆在书桌上，你一直很想知道她（他）对你的真实评价，你会立即收好不去偷看吗？（ ）

25. 偶然一次，你发现在教学楼的旮旯处有个同学偷偷抽烟，你会好奇地凑过去共同“品尝”吗？（ ）

26. 试卷发下来，发现成绩很不理想，你会一气之下将试卷撕个粉碎吗？（ ）

27. 与人交往时，你是否能够控制好自己的表情？（ ）

28. 有人侵扰你的学习时，你会努力警告对方吗？（　）
29. 在你的生日晚会上，有位同学突然有事爽约，你是否表示理解呢？（　）
30. 你做班干部十分辛苦，自我感觉良好，却不料班主任还大为不满，你会拂袖而去，辞职了事吗？（　）
31. 在市场购物时，你十分相信自己的眼光，不希望身边有父母或同学等“高参”吗？（　）
32. 你得到了某新一代电脑游戏，在无人指点的情况下，会决定马上试玩一下吗？（　）
33. 你的裤子不小心刮破后，你会请妈妈帮你缝补吗？（　）
34. 你是否是家里的“名厨”，拿手好菜经常得到爸妈的赞赏呢？（　）
35. 你认为懂得一些防火、防电、防震、防污染等基本的生活常识没用吗？（　）
36. 你觉得抄袭一次同学的作业“无伤大雅”吗？（　）
37. 你总是在遇事无能为力的时候，才向老师或同学讨教吗？（　）
38. 你经常感觉自己的生活和学习缺乏头绪吗？（　）
39. 你总希望与其他同学共同完成老师交代的事情吗？（　）
40. 你常给班主任提供一些富有建设性的建议吗？（　）

评分标准：

第1、4、5、8、10、11、12、14、18、21、23、24、27、29、31、32、34、37、40题回答是“是”计1分，回答“否”计0分；其余各题回答“否”计1分，回答“是”计0分。

测试结果：

第一等级（25～40分）：生活和学习各方面都很自信，不爱放弃，不甘服输，意志力坚强，较能控制自己的情绪，不急不躁，不温不火，而且具有较强的独立性。

第二等级（12～24分）：基本能够保持自信状态，但有时会受外界刺激而感到自卑和胆怯，有一定的毅力，能迎难而上，情绪起伏不大，对自己的交际效果不会造成太大影响，自立能力较强，也能力争上游。

第三等级（11分以下）：你的自我管理各方面表现得都不十分理想，很容易受环境左右，也不容易影响别人，非智力因素的欠缺已经制约了智力水平的发挥，需要立即改进。

第三章 在学习环节中培养学习兴趣

现实生活中，有许多学生不爱学习，主要是因为他们不会学习。学不得法，事倍功半，自然对学习毫无兴趣。所谓“不善学，虽勤而功半”；“善学者，师逸而功倍”。善于学习、学习得法与不善于学习、学不得法会导致两种不同的学习效果。所以，掌握科学的学习方法对于培养学习兴趣是十分重要的。

1. 改善预习效果

华华是一名中学生。她在一次全市初中生学习经验交流大会上，谈到了她在预习时遇到的教训。一年暑假，华华听人说，暑假里预习一下下学期上的课程，开学后那门课肯定能学好。于是，她利用暑假看了看下学期要上的数学课。果然，那学期她的数学成绩一直在班上遥遥领先。

下学期开学后，华华拿出老办法，集中一切课余时间来预习新开的物理课，结果打乱了以往的学习计划，不仅物理课没学好，还影响了其他课程的学习，各科学习成绩出现下降趋势。老师发现后，帮助她做了一次详细分析，指出：用假期预习方法预习数学取得成绩，是因为预习方法和预习时间搭配得当。而开学之后，正常的教学活动已开展起来，每天都要上课，各门功课都要留作业，仍然采取集中时间的方法预习物理，势必影响整体的学习。

预习是学习的前奏，即在学习之前展开对所要学习内容的自觉、主动地学习，为下面的学习打好基础。做好预习，不仅可以培养学生们的自学能力和独立思维能力，还可以有效地提高听课效率、增强记忆效果、提高记笔记的效率，等等。但是课前预习的种类和方法多种多样。如果不在合适的时间选择合适的方法，预习的实际效果是显现不出来的。

根据预习的范围和时间，可以把课前预习分为三种，即课前的及时预习、阶段预习和学期预习。我们必须针对各自规律采取不同的方法，预习才能发挥出更大的学习效用。

（1）及时预习

课前的及时预习，主要是指上新课前利用较短的时间对课文内容进行预习。一般在上课的前一晚进行，也可以在早自习时进行。由于预习的内容不多，所以，预习时要相对深入细致一些。

课前及时预习的方法主要是阅读教材。在阅读教材进行预习时，学生们可以根据个人的具体情况，灵活采用下列课前及时预习的常用步骤：

第一步，要从头至尾把课文朗读一遍或默读一遍，边读边思考：新课文的基本内容是什么？是按什么思路来阐述的？这个思路的道理是什么？读过之后懂不懂？还有哪些不理解的地方？这些问题要用笔记录在预习笔记本上。

第二步，利用工具书、参考资料扫除障碍。

第三步，联系旧知识。对不懂的问题进行分析时，如果是由于旧知识被遗忘了或存在知识缺陷造成思想堵塞，那么就要及时补救，立即对它们进行重新学习或复习。这样，既巩固了旧知识，又在一定程度上建立了新旧知识间的联系。

第四步，要划层次、划重点。读了一段如果看不出层次，抓不住重点，那就没有读进去，要再读几遍。同时，还要把自己的体会、看法写在旁边。这些体会、看法究竟对不对，可以在听课中验证。对于自己不懂的问题，要简单地整理出来，以便课上解决。

第五步，如果时间允许，可以试做一些课后练习题检查一下效果。完成这些练习后，要对练习进行检查，看看自己的做题情况是否符合课文内容。做到课后练习与阅读教材的有效结合，提高预习质量。

第六步，预习后，自己合上课本想一想：下节课老师要讲什么？自己懂不懂？与这个新问题有联系的旧知识是什么？自己是否已经掌握？还有什么不懂的问题需要上课时听老师讲？这样检查，可以看出自己预习的效果怎样，以便进行调整、改进。

若以前没有预习的习惯，那么刚开始预习时，可以先选一两门自己学起来感到吃力的学科做预习试点，等尝到甜头，并在时间允许的条件下，再逐渐增加学科，直到全面铺开。

另外，预习的时间不要过长，一般来说，每门课程抽出 25 分钟左右的时间进行预习就可以。

（2）阶段预习

阶段预习是学习者以概要了解为目的，对近期将要讲授的功课内容从整体上进行粗线式的浏览，以求得初步印象的一种预习。一般来说，是对一章或一个单元的知识内容进行预习，了解该部分知识的重点、难点，初步建立这部分内容的知识结构，有利于我们从整体的、系统的角度去掌握知识。

对于章或单元的预习可采用如下方法：

预习文科科目应根据该单元的体裁、主题和各篇课文的主要内容等方面，有目标地进行有关知识的预习。

比如，预习初中语文的某一单元，其中课文有《从百草园到三味书屋》《爸爸的花儿落了》《丑小鸭》《诗两首》《伤仲永》。

体裁分别为散文、小说、童话、诗歌等。

本单元的主题为成长。

各篇课文的主要内容有：回顾以游戏为伴读书求知的往事；讲述在父辈教养下长大成人的故事；写命运坎坷，丑小鸭变成了白天鹅；写天资聪慧却无所进取，神童沦为俗子。

从本单元课文得到的启示：正确对待成长中的苦与乐、得与失、成与败，勇于面对生活，面对挑战。

分项列表，比较该单元中各篇课文的异同。不同章或单元，可根据不同特点，在预习时列出若干项目来做比较，以加深对单元内容的理解。

我们仍以初中语文某一单元为例，从说明文的角度，可将表格列出如下项目：

第一单元				
课文题目	说明对象	说明对象的特征	说明顺序	说明方法
《从百草园到三味书屋》				

（续表）

课文题目	说明对象	说明对象的特征	说明顺序	说明方法
《爸爸的花儿落了》				
《丑小鸭》				
《诗两首》				
《伤仲永》				

预习理科科目时则可以把各章节或单元涉及的概念、原理、公式、定理等，用图表形式列出来，理清知识结构及脉络。

（3）学期预习

学期预习是掌握下学期将要接触的内容，利用一些参考书以及辅助材料预习课本内容。一般在寒、暑假内进行，预习的范围涉及整本教材。

我们可以从以下几个方面着手，整体把握全书教材：

第一步，粗读一遍教材，结合目录，自拟课程大纲。

第二步，根据课程的要求及自己的学习经验明确学习对象。

第三步，结合练习题细读教材，确定每章每节知识重点。

第四步，将每章每节的重点知识依据一定的原则归纳在一起。

第五步，记忆那些理解准确的基本概念、基本原理等基础知识。

想要提高学习成绩，就必须以饱满的情绪对待预习，不搞形式上的预习。预习时，要勤思、多问、多动笔。预习作为一种好的学习习惯，要持之以恒地坚持下去。

2. 提高听课效率

亮亮是一名初一学生。因为他成绩优异，直接被保送到市重点中学。第一次期末考试，他的成绩并不理想，由刚入学的前三名退到了班级的二十三名。为此，他很苦恼。一天下午，他来到班主任的办公室，想和老师谈谈。在交流中，班主任老师找到了他的“病因”。原来，亮亮来到一个新的学习环境，还不适应老师的教法和周围的环境，上课有问题时也不敢主动提出来，主动发言的次数更是少之又少，一直怀着“课后自己补”的心理。结果，“学习债”越积越多，成绩就成了现在这个地步。

现实生活中，像亮亮这样的学生大有人在，他们总是抱有“课上没做到课后补”的思想。本来课堂上 10 分钟能完成的任务，非要等到课后用 20 分钟或是更长的时间来解决。有的学生课堂上没听懂，又羞于或懒得向老师、同学请教，自己课后加班加点地补，造成第二天听课没精神，听课质量就更不好，从而造成恶性循环，使自己越陷越深，这样发展下去，只能由跟不上变成根本不上课，一到上课就提不起精神，想东想西。

在预习、上课、作业、复习、考试这五大主要学习环节中，上课这一环节，对学习效果影响最大。因为，课上的内容一般都是经过老师认真准备、精心设计的。充分利用好课堂上的时间，无论在知识和能力上，都会使学生得到提高。与上课相比，其他学习环节都是辅助手段，都是围绕着上课这一中心环节进行的。预习是为上课做准备的；复习、作业是为巩固课上内容；考试是为考查上课效果的。

上课最重要的是积极主动参与课堂活动，包括积极思考、积极动手、积极发言、积极讨论、积极质疑、积极练习……总之，要充分用好课上时间。那么，具体应该怎么做呢？

首先，做好课前准备

为了提高课堂听课效率，必须首先做好课前准备。这不仅包括知识准备，还包括物品准备和精神准备。知识准备主要是指课前做好预习，这一点我们在前面已经讲过了，这里就不多说了。

物品准备正确做法是，在上一节下课后，先准备好下一节课所需的用品，无论是书、本，还是用具，然后再离开座位休息。这样可以避免上课的时候手忙脚乱，慌慌张张，既耽误时间，又影响听课。

精神准备正确做法是，在第一遍预备铃过后（一般上课都有两遍铃声），回到座位上，整理学习用品，翻看要讲的书本，把心“收回”到将要学习的内容上。这样可以避免下课的时候玩得太疯，上课时往往要等老师讲了一会儿，才能把注意力集中到学习内容上，这样损失太大。

其次，捕捉课堂内容

看过电视剧《西游记》的人一定记得里面有这样一段场景：

孙悟空听师父讲经时抓耳挠腮，眉开眼笑。菩提祖师想传授他“术”“流”“静”“动”之道，但孙悟空一概回绝。师父走到他面前，在他头上打了三下。这一下，“唬得那一班听讲的，人人惊惧”。但孙悟空却喜出望外，因为他知道师父另有深意。于是，就有了孙悟空月夜三更得师父传长生之道的幸运。

同样是听师父讲经，孙悟空听出了弦外之音，而其他徒弟就没有那么幸运。

我们听课也是这样，需要善于发现，学会捕捉老师讲的重要内容。比如，注意老师每天上课的开场白和结束语，往往开头开宗明义，结尾总结明了。对我们来说，这一前一后、一开一合，正是我们把握学习的好机会。老师的开场白常常既复习上一节课的知识，又道出新课的重点和主题，而结束语则是对本节课须掌握的知识的一个概括总结。所以，要从整体上捕捉一堂课，我们可以留心老师的开场白和结束语。

还有，注意老师习惯使用的方法。在讲课当中，如果有特别重要的地方，老师会用各种方式提醒同学们注意。比如，有的老师会提高音量，有的老师会放慢语速，有的老师会重复说上几遍，也有的老师会用“※”在黑板上标出来。各个老师强调重点的方法不同，但只要注意观察总结，就会发现你的老师习惯使用的方法。

第三，有问题及时解决

思维永远是从问题开始的，没有问题的思维就将停滞不前。任何人都会遇到不懂的问题。这并不可怕，所谓“知之为知之，不知为不知，是知也”。如果老师对这处难点讲得不细、不透彻，你要在课堂上及时提问。因为你不会的东西，常常是多数同学也不会。如果你主动提出来，既代表了同学们的心声，又帮助了老师了解学生情况，抓住教学中的重点、难点。如果你提的问题，不具有普遍性，老师征求别的同学的意见，大家认为没必要在课堂上再讲一遍了，那也不要紧，你还可以课后再个别向老师或同学请教。

问题及时解决了，就不成问题了。如果搁置不闻不问，掉以轻心，“小洞不补，大洞吃苦”。一般来说，经过自己努力能够解决的问题，可问可不问。那么，哪些问题应该问，应提出质疑呢？

●自己经过努力思考和查找其他资料都解决不了的问题。

●对自己的答案没有把握的问题。

●虽然知道结果，但不知道过程的问题。

第四，积极主动发言

在课堂教学中，每当老师提出一个新的问题，学生们的注意力一般会处于高度集中状态。同时引发进一步探索的动机，或独立思考，或相互讨论。这时，希望你能亮出自己的观点，说出自己的想法。因为在这个过程中，你的积极思考会加深你对所学知识的理解。即使答案有偏差，那么也能及时发现自己的弱点，及时克服。

当你没想好如何发言，或是已经发过言，那么，就要认真听其他同学的观点。每个人都会有自己独特的想法，或许其他人的想法会让你的头脑迸出新的火花。倾听时，最好能用纸笔记下你认为值得借鉴的地方。这样，有利于知识的积累。

第五，记好课堂笔记

记课堂笔记，可以帮助我们全面系统地掌握知识，为课后复习巩固做好准备，记课堂笔记还可以帮助我们集中注意力，聚精会神地听好课。

笔记的记法形式多样：

●批语式。主要是在书页的边角等空白处，记下对教材内容的批语、注释和心得。类似于先前我们讲到的预习步骤里的“写”。

●提纲式。是指在听课的同时，快速地概括和记下教材的重点和难点。你可以将一页笔记纸纵向分成三份，前两份作课堂笔记用，后一份的空白处留作复习时整理笔记用。如果老师讲得比较快，你也可以在这部分记下页码，待课后补上。

比如：

星期× ××书 ××页	授课笔记 一、…………………… 二、……………………	自我补充 一、……………… 二、（一）……… （二）………
注意：		

●两页法。这类方法，比较适合讲话速度快的老师。你可以在左边一页纸粗略地记下中心思想，抓住主要词语即可。在间歇时，你马上在右边一页纸尽可能记下所记住的细节，把细节和它们要说明的问题对齐。这样，在左边纸上，你简略地记下了这节课的重要信息，在复习时它们可以派上用场。在右边纸上，你有了一些证明问题的论据。

笔记的记法可随个人喜好而定，但大纲要有一定的格式，不要随意变换。比如，普通笔记大纲的次序，大多开始用中文数字，其次用阿拉伯数字，再次用英文小写字母，以区别先后。再如，语文笔记，可分为篇名、作者小传、段落、生字新词、文体、文法及修辞等项。

上课是学习的核心环节。放松了上课去抓其他环节，费时费力效果差，这是一种“丢西瓜，捡芝麻”的做法。只有抓好上课这一环，才能事半功倍，既提高了学习效果，又减轻了学习负担。这是许多优秀生的基本经验。

3. 课后复习要及时

著名心理学家艾滨浩斯对遗忘现象研究发现，人们对学到的新知识，隔的时间越长，忘的越多。经过一段时间后到底遗忘了多少呢？

学习后	20 分	1 小时	9 小时	24 小时	2 天	6 天	31 天
遗忘率（%）	42	56	64	66	72	75	79

这些数据表明，知识刚学过之后，遗忘特别快，经过较长时间以后，虽然记忆保留的量减少了，但遗忘的速度却放慢了。即遗忘的规律是：先快后慢，先多后少。针对这一规律，我们学过新知识后，要“趁热打铁”，赶在遗忘之前抓紧时间及时复习、巩固。这样，才能不断强化已经建立起来的神经联系。因此，课堂上学过的新知识，当天课后还要及时再复习，绝不能只把老师布置的书写作业做完了事，应先看看书，理一理知识的脉络，该背的背，该写的写，该想的想。

那么，如何做好课后的及时复习呢？

第一步，“三分钟回忆”

具体地说，就是复习时自己仔细想一想：今天老师主要讲了几个问题？有哪些已经弄懂了？哪些不懂？哪些不完全懂？

通过回忆，可以发现自己的薄弱环节。通常能回忆出来的内容，基本上是自己已经懂了的部分；回忆不出来的内容，也是自己没有弄懂或是没有理解透彻的部分。所以，从一定意义上讲，课后的

“三分钟回忆”，也正是使所学的知识得到进一步巩固的重要方法。

第二步，利用教科书进行第二次回忆

一名初三的学生在谈到自己的学习经历时写道：

“刚学化学时我的成绩很不稳定，大起大落，心里很是郁闷。有一天，老师把我叫到教研室，和气地对我说：‘你这次又没考好，知道是什么原因吗?’老师越和气，我心里越难受，低着头眼泪都快下来了。老师慢声细语地说：‘你回去好好看看教科书，成绩一定会提高。听老师一句话吧。’我回到家，按老师说的，一遍接一遍地看课本。也真怪，原来许多似是而非的东西，就这么看明白了，也没做题，也没请家教，就这么看课本，竟有了进步，真是神了。后来，我把这一方法扩展到别的学科，也同样见效。同学们，这真是一个好方法。不信，你也试试看。”

多看教科书，重视教科书，这并不是教育行政部门的硬性规定，而是广大一线师生的切身体会。教科书是老师教、学生学的共同依据，也是老师考核学生的主要依据。如果不认真钻研教科书，不认真完成教科书所提出的基本要求，就无法掌握好中学的基础知识，也不容易使基本能力得到提高。抓住了教科书，也就抓住了基础和根本，这也正是优秀学生的聪明之处。

看教科书时，要认真、仔细地看，但不必逐字逐句地看，花费太多时间。重点看那些尝试回忆时想不起来、记不清楚、印象模糊的部分。看书时，用彩笔把书上的重点部分、新概念或容易忽略的部分勾画出来，在书的每一页空白处记下带有提示性、综合概括性的语句，以便以后再看书时能迅速抓住要点，回忆起关键的内容。

第三步，整理课堂笔记

课堂上由于要边听边记笔记，所以不可能完整、准确地记好笔记，有些体会，课上也来不及记。因此，课后复习时很有必要把课堂笔记进行加工整理，把它提炼成一种适用的复习资料，把它保管好，随时翻阅。

如何整理好笔记呢?

●补。把在课堂上出现未能记录的部分补起来。

●更。把错字、错句以及记得不准确的地方更正过来。

●调。把次序颠倒、逻辑不清的地方调整过来。

●添。把预习、上课、复习、看课外书后悟出的重要体会添进去。

●摘。把文章的背景、论点、结论，一些资料、佳句等，以及参考书上对课本内容有针对性帮助的材料摘录进去。

●略。把无关紧要的内容省略掉，使笔记有“简明性”。

笔记是为自己学习服务的。因此，笔记可根据个人学习特点和习惯自己来定，根据自己对每个问题的掌握程度来决定笔记的详略。笔记的字迹要清楚，以便今后复习时节省时间，而且要完整，这样，即使几个星期或几个月以后，你也能知道它们的含义。

第四步，选择性地读参考书

选读是一种知识扩展和延伸的阅读。在不能很好理解课文内容，笔记又缺漏的情况下，可以向参考书寻求帮助。

由于时间有限，参考书不必从头到尾一字不落地去看，要有选择地看。看到和老师讲解一样的内容就一扫而过；看到对同一问题从不同角度进行阐述的，就仔细阅读，加以比较，学会从不同角度、用多种方法解决同一问题。这样，更有利于加深对课内知识的理解。

看参考书的时间要灵活掌握。在作业不多，时间充足的情况下，可以在课后复习时进行，然后再做作业。这样做的好处是，对做作业有用的知识会钻研得更加透彻，做作业的难度也会大大下降，完成作业的速度将大大加快。

一般情况下，由于作业的压力，阅读参考书只好在完成作业后进行，那就要根据所剩时间的多少，来决定看与不看，或者看多少参考书。在学习获得了主动权后，看参考书的时间也会逐渐增多，这会促使知识掌握向深度广度发展，使学习逐渐形成良性循环。

及时复习一定要在遗忘之前进行，不要在忘掉以后再来复习。所以，做好及时复习要趁热打铁，这样才能达到事半功倍的效果。

4. 把作业当考试

美国第一任总统华盛顿曾说过："读书而不应用，书等于废纸。"善于将所学知识应用于实践中，所学知识才掌握得更加牢固，学习者才能真正成为知识的主人，学得的知识才有意义。

从心理学上讲，知识的学习要经历三个阶段，即新知识的获得、知识的转化和评价。知识的获得是我们在课堂上通过老师的讲解最初获得新知识的过程；对知识学习的最终评价是通过测验、考试等手段实现的；而做作业正是完成知识转化这一过程。

考试是必须独立思考的，考试是必须当场做对的，考试是有时间限制的。如果在思想上把作业当成考试，就会更加严格要求自己，对培养自己良好的作业习惯非常有效。

在做作业之前，要先给自己定一些规矩，以保证做作业能够高效进行。

(1) 拿走书桌上摆放的令你分心的东西，应该喝过水，去过厕所。尽量不要离开书桌，应该一气呵成。

(2) 事先准备好学习用具（胶带、水彩笔、白纸、书本等），不要等到用的时候再临时去找。

(3) 做作业时，不要让父母来打扰你，做到独立完成作业。

(4) 学校里的作业要抓紧，能在学校里完成的就不要都带回家里；放学后不要先去玩个够，等到精力耗得差不多时才去做作业。

(5) 根据自己的实际学习水平和作业的多少，估算好做作业的时间，避免养成做事拖拉的习惯。

(6) 做作业期间尽量不翻阅资料，除非有疑难问题。因为从做作业的角度看，预习、上课和课后复习就已经为做作业做的准备工作，领会并巩固了知识，可以独立地应用所学的知识去分析和解决问题。如果真遇到解决不了的问题，还是要翻阅资料，要以解决问题为宗旨。

规矩定好了，下面我们就开始着手做作业：

首先，认真审题

审题不求快，但一定要仔细、全面。在阅读题目时，要看得清楚，理解准确。看得准确是说，题目中的每一个字、每一句话，以及每一个符号、数据都要看得准确。因为题目一旦马虎看错了，后面的工作就都做错了。

其次，保证一次性正确率

主要包括做题思路正确和答案正确。一些学生做题造成正确率低的原因主要有两点：一是轻视运算，认为这是简单问题，懒于动手。有些学生常常用计算器进行计算，来代替自己的脑力劳动。用惯了计算器的学生，时间久了连进行最基本的运算都会感到吃力。这种图省事的办法，运算能力肯定会“退化”。脑子长期不用就会“生锈”。二是做作业的独立性差，依赖性强，上学校喜欢马上和同学对答案。对了就过去，错了把答案改过来就算完事了。

如果不及早改掉这两种做法的话，长此以往会影响到考试、学业，甚至是今后的工作。因此，在做作业时要在潜意识里经常提醒自己，有独立完成的态度，依靠自己的能力把准确率提上去，最终达到做题一次就正确的水平。

第三，细心检查验证

有些学生考试答题时，费了不少时间思考，好不容易找到了正确思路，但在解答时却算错了或者写错了字，被扣了不少分，这太可惜了。造成这种结果的主要原因在于，平时做作业时缺乏细心检查、验证的习惯。

独立检查就是在做完作业之后，自己想办法来判断作业做得是否正确。这是保证作业质量不可缺少的一步，就像产品出厂前要检验是否合格一样。独立检查作业，可以培养学生独立思考问题的能力。

对文科类作业的检查主要是把自己的解答从头到尾细读一遍，看有没有错别字、标点符号使用不当、病句和词不达意之处。比如“我地（的）教科书蜡（落）在教室里了”或者“我看见。(,) 他在教室里做作业。”之类的。

对理科类作业的检查主要有三种办法：一是直觉判断法。看自己的答案是否有明显违反常识之处，比如，解出来的数目明显过大、过小，不应该出现负数或小数时出现了负数或小数。二是逆查法。将计算结果代入原题之中，看是否能符合原题目的要求。三是逐查法。不仅从开始的设、解题过程逐步进行推导，还要看题目的抄写、数字的使用是否正确。四是重做法。从审题到解答，一步一步再核算一遍。对于一些比较难的习题，解题之后还要对自己的解题思路进行反思。

第四，适当做些习题

对于基础较好的同学，如果认为自己对当天的功课掌握得不错，完成老师布置的内容后，应该再做一些提高性的题目；对于基础一般和比较差的同学，不仅应该很好地完成老师安排的作业，还应该根据自己的情况，积极地再做一些补充训练。

哪些习题值得一做呢？

●关于重点的练习题，与教材中的重点有关的练习是必须做的。这包括教材里的主要内容、主要部分。可以说，掌握了重点就是掌握了知识。

●关于难点的练习题。在课堂上，老师特意强调的难点部分，与之相关的习题一定不能放过。难点部分通常也是难懂的地方，不弄懂就不可能真正掌握到知识。

●关于疑点的练习题。这里疑点是针对自己还没有弄清、弄懂的地方。这个环节不解决，很容易造成学习“欠债”的现象，所以，有关这方面的习题训练，一定不能放过，应该坚持去做。

第五，总结经验，认真反思

在老师批改的文字中，往往凝结着老师的心血和希望。所以，作业发下来以后，一定要尽快抽时间仔细检查，认真反思一下。做对的题，要想一想以后遇到类似的题目能不能触类旁通。对于做错的题最好原封不动地保留下来，在作业后面接着重新做一遍。不要把错题用橡皮擦掉或撕掉，留下错题以便复习时提醒自己。

总之，对待作业“错误”要保留错误、分析错误、改正错误、复习错误。这样才能做到错有所得、错有所值，才能做到题不二错。

5. 定期要做阶段复习

有人说：“智慧不是别的，而是一种组织起来的知识体系。”这话说得很精辟，它充分说明了知识系统化的重要性。复习可以通过重复性温故活动修补和巩固记忆，从而加深对旧知识的理解，把握知识间内在的联系。因此，复习是抗争遗忘的最有效方法。

事例一：

革命导师列宁有惊人记忆力的原因在于，他从青少年到老年总是坚持经常、反复地阅读自己的读书笔记。他说：“我不单凭记忆去解决，而是经常翻阅自己的笔记。”单是列夫·托尔斯泰的《安娜·卡列尼娜》，列宁就读了100遍。列宁读过的《黑格尔〈逻辑学〉》一书摘要中，有许多醒目的眉批：“注意，不清楚，回头再看！”“要回过头再看”……

事例二：

林肯少年时代家境贫寒，只上了几个月学。他在杂货铺里干活时，一个偶然的机会，从马车扔下的废品里找到一本法律书。他如获至宝，读了一遍又一遍，通过反复阅读，初步掌握了基本的法律知识，为他后来成为一位闻名遐迩的辩护律师奠定了坚实基础，并于1861年当选为美国第十六任总统。

复习的种类有很多，根据复习内容和时间，我们可以把复习分为课后的及时复习和阶段复习。阶段复习，一般是在学习一段时间后或一个学习阶段之后进行的比较整体化的复习。根据阶段的不同，阶段复习又可分为周复习、月复习、单元复习、章复习、期中复习、期末复习，等等。

下面，我们就介绍几种行之有效的阶段复习方法供学生们参考，让复习成为一件轻松的事：

（1）两看一做一整理

两看：看课本目录、看笔记；一做：做习题；整理：整理错题。

●看目录。阶段复习时不要急着打开课本内容，而是要先翻开目录。即，做到先回忆，后看书。对照目录，想想在前一阶段，自己还有哪些内容掌握得不牢固，比较陌生。试着回忆其中的概念、性质、法则、公式、数量关系和解题方法等。记不起来时再打开书翻看有关内容。

用铅笔在目录上，把知识点分成A、B、C三类。A类是已经熟练掌握了的；B类是初步掌握但不熟练的；C类是没有掌握的。这样，做到心中有数，而且也方便了你下一次的复习。

●看笔记。对照课堂笔记，看看在前一阶段里老师重点讲了什么内容，与自己理解有何差异，哪些地方记住了，哪些地方遗忘或忽视了，自己都记了哪些心得体会。这样，可以进一步把握重点，理解难点，加深记忆。

●做习题。不少学生自认为复习得挺好，可是一做题，就知道自己的肤浅了。通过做一定数量的习题去发现问题，然后再深入地读书钻研，加深领会，继而再做题，这个过程是可以不断深入进行的。

题不在多，而在于精。每做一道题，都要反复思考题目的类型，解题时运用的概念、定理以及解题思路和逻辑关系等，以达到举一反三、提高解题效率的目的。

●整理错题集。错误导致失败，失败孕育教训，教训预示成功。为了总结经验教训，让错误不朽，我们应学做错题集，便于经常性地复习错误。

在错题集里，我们先把做错的题目全部重新抄一遍，然后分析原因，是概念理解问题，还是思路问题、书写格式问题，或是粗心大意带来的问题，等等，然后把正确的解题过程写上去。

错题集格式一般可以这样写：

×年×月×日

原题：……

错解：……

错误原因（种类）：……

正解：……

错题整理的关键是每题必录，一定不能半途而废。不管错题由于什么原因造成，都要被录，一道很复杂的题目，即使是由于最后得数加错了，或者忘了写单位等小毛病，也应该不厌其烦地摘录下来。错就是错，是不分大小的。

(2) 归类列表

学生从课堂上、书本里学到的知识，常常是零乱的。要想把它们变成自己的知识，就必须进行一番加工整理，这样学过的知识才记得牢、用得活。列表的方法有助于事半功倍地巩固、理解和系统掌握知识。列表，就是将知识的精华列为图表，从而达到掌握知识体系的一种学习方法。

比如，一位同学将常用的十二种标点符号进行了分类整理，列出了一张表。整理后，则更便于理解掌握：

此标点符号特点	标点
用在句子中间	、，：；
用在句子末尾	。！？
连占两格	……　——
标在两头	“”（）《》

还有是一种比较性的表格，比如，我们将分数、除法、比的对应关系列成表格：

项目	对应的名称				例子
分数	分子	分数线	分母	分数值	24/6 = 4
除法	被除数	除号	除数	商	24 ÷ 6 = 4
比	比的前项	比号	比的后项	比值	24∶6 = 4

在这个表格中，我们将分数、除法和比三者的关系进行了分析，分数中的分了是除法中的分子，也是比的前项；分数中的分母是除法中的除数，也是比的后项；分数中的分数值为除法中的商，也是比中的比值；分数中的分数线，在除法中用除号表示，在比中用比号表示。通过这个表格，我们就可以轻松地找出三者之间的关系，复习起来就方便多了。

(3) 专题复习

进行系统复习之前，首先要按照知识的体系来确定系统复习的课题。

比如，从小学到初中，语文课上学过许多文章。所以，我们可以按照文章特点、特征来选专题，像以写“人”的文章为专题，有《藤野先生》《孔乙己》《邱少云》……以写“物”的文章为专题，有《白杨礼赞》《海燕》《蜜蜂的赞美》……

我们还可以以文体，即记叙文、议论文、应用文、诗歌、小说、散文、戏剧为专题，将所学课文内容进行专题性复习。

历史课本中经常有地图，所以，我们可以做一个以地图所反映的内容为核心的历史地图专题。历史地图按其表现的内容可分为以下几个专题：政治类，如战争或运动形势图，政区疆域图，民族分布图，对外关系图，国际关系图等；经济类，如水利交通图，工农产品分布图，工业企业成就分布图等；文化类，如古人类遗址图，城市建筑图，文化传播图等。

将地图以专题的形式加以利用，把相关的知识点多线索、多层次地串联起来，形成立体、完整的知识体系，从而达到强化基础知识，提高思维能力的目的。

在这种专题复习中，涉及的知识往往要联系到好几本书，有时还要纵跨小学、初中和高中所学的知识。不过，这对建立新旧知识的联系，对知识的系统化能起到促进作用。

善于去找专题来复习，一个一个专题地复习过去之后，不仅提升了你对学习的兴趣，也会使你的学习自信心越来越强。

6. 做好临考前的复习

考试是古今中外教育的一种手段，现今世界上大多数国家的教育，仍然广泛地运用考试。既然在提倡素质教育的大背景下仍然要考试，那么学生们就要接受这种教育形式，认真学习和掌握应对考试的办法。

临近考试，想在最后阶段使自己提高一个层次也不现实。在这个特殊时期，应该如何复习呢？总的策略是，继续熟悉知识，巩固已有水平，力争临场正常发挥。为此，要做好以下几个方面：

（1）从整体上把握考试内容

此时，要按照知识系统回归课本，进行提纲挈领式的复习。我们可以拿出一张纸，简单写下课本的纲目，再从某一章节分出子目录，一直分下去，直到某一个定义、某一个定理，甚至某一个单位，想办法使学过的知识条理化、系统化。

提纲的大体可以如下：

$$\text{一、}\times\times\times\begin{cases}1\\2\\3\end{cases}$$

$$\text{二、}\times\times\times\begin{cases}1\\2\\3\end{cases}$$

……

如果有的问题提纲里反映不出来，还可以在后面加上“说明”。

比如复习数学时，可以根据初中代数的整数、分数、有理数、无理数它们之间的纲目关系，列出这样一个提纲来：

- 复数
  - 实数
    - 有理数
      - 整数
        - 正整数（自然数）
        - 零
        - 负整数
      - 分数（正、负）
        - 有限小数
        - 无限循环小数
    - 无理数（正、负）——无限不循环小数
  - 虚数

另外，还要从不同角度对某些知识进行归纳。特别是一些有某种联系而又分散于各处的知识，可以采用我们前面所提到的归类列表进行复习，这对于增强学习效果是大有帮助的。整理之后，还要把这些知识记住，使之成为内储知识。

（2）记忆见效快的内容

文科要侧重于复习语文、政治、历史等科目中需要记忆的东西，比如文学常识、古文背诵、历史事件等，理科要侧重于记忆各种公式、定理等，以免到了考场一时想不起来。因为这些内容短期记忆见效快，况且间隔的时间较长，临考前再重新记忆一遍防止遗忘也是很有必要的。

（3）保持强项，抓好弱项

俗话说："三天不练手生，三天不唱口生。"在以往的考试中有些同学就吃这样的亏。比如，以为政治是自己的强项，所以最后几天看也不看，埋头苦做数学题。可考试中恰恰是在自以为最强的政治上出了问题，进了考场脑子一片空白，什么也记不起来。所以在临考阶段，有必要把强项的最基本内容再“过”一遍。

对弱项要加以分析，不要盲目乱抓。只对那些弱势中有潜力的科目，适当多投入点时间。什么是有潜力的弱项呢？就是在那些成绩相当的科目中，过去投入时间相对较少的科目。对于这样的科目，也不是眉毛胡子一把抓，而是把精力放在记忆性较强的内容上，这样耗时少，见效快。

（4）适当练题

总的来说，最后阶段还是要适当练题。因为完全不做题，到考试时就会眼生、手生、头脑反应慢。

最后阶段做题，主要选择那些基本的、典型的，而且量不要大，以保持熟悉的目的。对有些题，还要适当写写，注意表达的语言和格式。对有些题，只用眼看用心想，做到不忘不生疏就行。

另外，在临考阶段，也可以适当做些综合知识应用的练习题，也就是一道题考查多个知识点的练习题。因为现在的考试，除了考查知识点之外，更重要的是要考查学生学习知识的能力。所以，我们不能只停留在单元知识的训练和检查上，那样的习题对于考试来说，简单了些。通过综合性的练习题，逐渐摸索和掌握解题技巧，提高解题能力和速度，从而进行系统知识综合技能的训练。

最后阶段，切忌不要做难题、怪题。有些同学在考前最后几天里，总想猜测押题，看这个像是要考的，看那个也像是要考的。还有的同学听信传言，从什么地方弄来一些题匆忙抢做。这些做法，很容易引起心理慌张，扰乱正常的复习计划。

（5）试做往年考卷或模拟卷

我们想要考出好成绩，就有必要了解考卷的题型、结构，这就像指挥员要了解战场的地形地貌一样，做到胸有成竹。所以，面临中考、高考的同学可以将近几年的中考、高考考试真题或模拟试卷买回来试着做；面临期末考试的同学，可以买些模拟题来做。模拟考场要求认真地解答，然后给自己判卷，看看自己能得多少分，为什么有的题会做错，问题出在哪里，是知识点没掌握牢固，还是综合运用技巧不熟练……给自己诊断，然后对症下药。这样做一些模拟训练，可以起到再次巩固知识的作用。

（6）复习以往的“错误”

学生们都经历过大大小小的考试。主科考，副科考；期中、期末考，章节也要考。一段时间下来，手里都会有一厚摞儿各式各样的试卷。每位学生对待这些试卷的态度不尽相同，有的做完了顺手一扔；有的虽然没扔，但也是将它们打入“冷宫”，置之不理。这些都是错误的做法，试卷中的题目都是老师们深思熟虑精选上去的，着重反映了这门学科学习的重点和难点，而且也反映了你在这门学科的学习状况。所以，我们在临考前，要充分利用好以往的试卷进行复习。

在翻看试卷时，重点之一就是认真看自己曾做错过的题，看自己究竟错在哪里，再次弄清原因。要有意识地扭转自己的错误思维，阻断犯错误的“惯性”。通过考前的再提醒，加深印象，以防考试中重犯。

除了通过看试卷“复习”错误，还可以复习各科的错题本。一般来讲，复习错误可以放在复习知识体系之后进行。当然，也可以一边复习知识体系、一边做少量的题、一边复习错误。具体步骤，可依据每个人的具体情况和习惯灵活掌握。总之，以讲实效为原则。

7. 掌握考场应试技巧

朵朵是某初中一年级的学生，活泼可爱，学习也很用功，可就是怕考试。一听说要考试，情绪就极度紧张，面红耳赤，心跳加速，心神不定，紧锁眉头。考试时，考卷发下来，双手颤抖，头脑一片空白，注意力不能集中，严重时题都看不清。

造成考试怯场的原因有很多，既有生理方面的原因，也有心理方面的原因。从生理方面来说，由于缺少睡眠，缺乏体育锻炼而造成过度疲劳；因食欲不佳而导致营养不良，影响了大脑供血，身体不适等。从心理方面来说，父母和教师对考生要求过高，考生本人对考试结果过分看重，造成较大的心理压力；平时复习不充分，知识掌握得不牢固，缺乏必要的应考策略和考试技巧，造成自信心不足，产生严重自卑感；考场气氛紧张，监考人员态度严肃，造成考生情绪过分紧张。

在这里，我们主要谈一下进入考场后要解决好的问题，一个是心理上的调节，另一个则是注意答题技巧。

首先是考场上的心理调节

适度的紧张可以引起人的警觉，集中人的注意力，可以充分调动自己的潜能，激活聪明才智，使反应变快，效率提高，使学生们能够很快地进入考试状态。所以，一定程度上讲，适度的紧张对考试是有一定好处的。

调查表明，在等待正式考试前有80%以上的同学都紧张，这其中大多数学生都属于适度紧张，属于良性情绪反应，不必刻意调节，只有少数人属于过度紧张。这些学生心跳加快，烦躁不安、头痛头晕、脸色发白、大量出汗、手脚发凉、双手发抖，甚至拿不住笔写字。有的人头脑里一片空白，注意力集中不起来。极少数甚至发生晕场。在考场上，一旦出现过度紧张应当如何做好临场调节呢？这里提供一些办法供学生们参考使用。

（1）做积极的心理暗示，比如，告诉自己“我能考好”“我复习得很充分”“我一定能冷静”“在考场上我会挥洒自如”……在心里默默自言自语地念叨几遍，心情也许会逐渐平静下来。

（2）平时找一两首自己最喜欢的格调轻松的诗词，这时可以在心里默诵，仔细体会意境，尽量投入其中，也可以转移注意力，放松紧张心理。

（3）做深呼吸：闭上眼睛深深吸进一口气，然后分数次一节一节地吐出，反复多做几次。或者闭上眼睛深深吸一口气，然后慢慢将气吐出，边慢慢呼气边在喉咙里轻轻发出“松——”字，同时从头到脚慢慢放松，反复多做几次。

（4）考前做些放松训练。放松训练是通过使全身各部位的肌肉紧张后再松弛，从而达到松弛大脑神经的目的。训练时遵循自下而上的原则，从脚部肌肉开始直到头部肌肉为止，完成一次训练。在做放松训练的同时，可以在头脑中预想考试的过程，想象自己如何进入考场，如何拿到考卷，如何填写姓名，如何答卷、检查、交卷等过程，想象得越具体越好，边想象边体验全身心放松的感觉。这种训练可以在考试前一两周开始，每天训练一两次，每次进行 10 ~ 20 分钟即可。

其次是考场答题技巧

有了良好的身心准备，临场就可能处于最佳的竞技状态，但是具体答题时仍要讲究一些技巧。

（1）浏览试卷把握全局

试卷发下后，先利用2～3分钟时间迅速浏览一遍，检查试卷有无遗漏或差错，大概了解考题的难易程度、分值等概况以及试题的数目、类型、结构、占分比例、哪些是难题，把握全局。

看到熟悉题目时，暗示自己这里可以得分，树立起信心；看到陌生试题，要提醒自己多加思考；看到难题，要警示自己多加努力，千万不要把注意力停留在这里；一边浏览一边提醒自己要在容易答错题的地方更加注意和小心。

不要为试题容易而高兴，或为试题太难而发愁。

（2）答题顺序心中有数

首先根据自己认为的难易程度，按“先易后难”“先小后大”“先熟后生”的原则对答题排序。这样可以节省时间，消除紧张感，增强信心，并且可以适应由易到难的过程，有利于激发大脑灵活性。

综合科目考试，对选择题的审题要务求仔细，避免“因快失误”，对主观题应根据试题的难度及自己的水平，确定或及时调整题目完成的先后顺序，避免会做的题因时间不足而丢分。

对于难题或大题，分步骤能做多少就做多少。一般情况下，答题宜从头答起，依次往后。这样可以先易后难，增强信心。对有多个设问、包含多个小题的大题，务必仔细阅读全题后才答题。

（3）认真审题，仔细答题

答题最忌不认真审题，在有限的时间内审题要做到：一不漏题；

二不看错题；三要看准题；四要看全题目的条件和要求。考试时我们可能会遇到有些题目似曾相识，但要看清楚，此题非彼题，切不可盲目地用过去的思维和习惯去想当然地解答，要严防因疏忽大意造成错漏。在考场上答题要做到看仔细、多得分、少丢分。

(4) 思与写结合，争取一遍成功

很多学生在考试时为了图快，提笔就写，想赢得时间，结果“欲速则不达”，以致造成读题不准，漏洞百出；有的是狗熊掰玉米，一路走一路丢，结果“瞎子点灯白费蜡”，这些做法不仅不能赢得时间，反而使我们白白浪费考场上的许多宝贵时间。解题时不仅要仔细，更要注意思与写结合，不图快，力求一次正确、保证成功。万万不能有“反正后面要检查”的依赖思想。

(5) 会打草稿，界线分明

理科题少不了要打草稿。可有些同学草稿纸上随手就写，到处乱画。有经验的同学则把草稿纸折叠后分成几个板块，按题号顺序排列，各题的草稿界线分明。这样做既不会误抄，遗漏，又为后面进行检查时提供了方便。

(6) 运筹时间，注意方法

如出现时间少、试题多的情况，请采用以下应急方法：不做详细阐述，也坚决不留下一些题目空着。这是因为解答了两道题虽然各只有一半正确，然而由于是答案的主要内容，一般来说两题得分相加，比只答对其中一题的分数要高。

(7) 不受干扰，按时交卷

考场气氛往往会干扰学生的注意力。考试中途也许会有人不停翻试卷，好像做得很快，可能有人提前交卷等，遇到这些情况一定要镇静。

要记住，不要提前交卷，即使很有把握，也要强迫自己坚持到最后一分钟。有些问题往往在最后几分钟解决，有些错误往往最后几分钟发现。如有时间，要对试卷、试题反复认真检查和验证。

开心小测试：你有良好的学习习惯吗

日本学者松原达哉在《如何培养成绩优秀的孩子》一书中设计了一套自测题目。请认真阅读每一道题之后，如果认为你具备题干所说的习惯，请选择：A“是”；否则请选择 B“否”；如果不肯定也不否定，则选 C。

1. 课堂上所需的学习用品是否每次都记得带齐？（　　）
2. 你上课是否经常迟到？（　　）
3. 你是否坚持提前都做好上学的准备？（　　）
4. 你在课堂上是否踊跃发言，并积极提问？（　　）
5. 你是否有在笔记本上乱写乱画的习惯？（　　）
6. 你是否对你的课本十分爱护？（　　）
7. 你在考试时是否都仔细工整地回答问题？（　　）
8. 你能否在规定的地点、时间进行学习？（　　）
9. 当你的朋友邀请你去玩耍时，而你正在学习时，你是否欣然答应？（　　）
10. 坐在桌前能否迅速进入学习状态？（　　）
11. 你在学习时是否高声朗读教科书？（　　）
12. 你在回家后，能否立即主动地完成作业？（　　）
13. 你在回家后，能否对当天的学习内容进行复习？（　　）
14. 上次考试的试卷发下来后，你是否认真阅读，并考虑失误的原因？（　　）
15. 你是否及时预习将要学习的内容？（　　）

16. 你每天的学习时间是否一致？　　（　　）

17. 如果遇到学习上的不明之处，你是否有查阅字典、参考书的习惯？　　（　　）

18. 你是否对弱科、不感兴趣的学科格外努力学习？　　（　　）

19. 在你的日常学习过程中，游玩时间是否经常挤占学习时间？　　（　　）

20. 你是否一边看电视或一边听收音机，一边学习？　　（　　）

21. 你是否认真区别游玩时间和学习时间？　　（　　）

22. 你每天的起床时间和就寝时间是否毫无规律？　　（　　）

23. 你是否有一边拿着点心或饮料，一边学习的陋习？　　（　　）

24. 你是否经常诉说晚上做了一个噩梦？　　（　　）

25. 你是否经常谈笑风生，使人发笑？　　（　　）

26. 你对别人的批评，是否耿耿于怀、愁眉不展？　　（　　）

27. 即使在学习时，你是否还讲一些“反正我不行”等自暴自弃的话？　　（　　）

28. 你是否有忘记做作业的现象？　　（　　）

29. 如果某一次考试成绩不良，你是否总是挂念于心？　　（　　）

30. 在老师休假时，你是否会摆出一副无所谓的神态？　　（　　）

31. 你是否经常和老师一起游玩？　　（　　）

32. 你是否说老师的坏话？　　（　　）

33. 在受到老师的表扬后，你是否就更加喜欢学校生活，并对这位老师的课程感兴趣？　　（　　）

34. 被老师批评之后，你是否就开始厌恶学校生活，并对这位老师的课程失去兴趣？　　（　　）

35. 你是否一心盼望着运动会、学习汇报会？　　（　　）

36. 你是否经常被老师提请注意？ ( )

37. 你是否经常得到老师的表扬？ ( )

38. 你是否制定一周的生活计划？ ( )

39. 在每次新学年到来时，你是否都制定出新的努力目标？ ( )

40. 你在暑假、寒假时，能否制定出生活计划并贯彻执行？ ( )

41. 你是否非常清楚自己的弱科和强科，并对强科格外努力？ ( )

42. 你是否和你的同学互相学习并互相帮助？ ( )

43. 你是否在学习上带有非常强烈的竞争意识？ ( )

44. 你是否在家里或者背后说同学的坏话？ ( )

45. 你是否经常去图书馆？ ( )

46. 你是否不愿意在家里学习，而经常去同学家学习？ ( )

47. 在学校规定的课程之外，你有无其他感兴趣的活动？ ( )

48. 你是否经常对别人诉说睡眠不足？ ( )

49. 你的学习用品是否充足？ ( )

50. 在学校组织的活动中，你的家长是否积极参与？ ( )

评分标准：

题目1、3、4、6、7、8、10、11、12、13、14、15、16、17、18、21、25、30、31、33、35、37、38、39、40、42、43、45、47、50，答A的，每题得2分；答B的，每题扣2分。其余问题，如果答A，扣2分，答B，则得2分。如果选C则不给分。

测试结果：

以上所有题目完成后，如果总分达到70分以上，可以坚持自己现有的学习方法；得到70分以下者，请选择别的学习方法：

测验得分	评价
0～30分	需要非常努力
31～45分	还需努力
46～70分	一般
71～85分	良好
86～100分	优秀

第四章　在阅读中体会学习的乐趣

书籍是人类进步的阶梯。书本为人们提供精神营养的作用是其他任何信息传媒所取代不了的。如果我们不读书，就会变成“井底之蛙”，就不能完善自己的视野格局，从而错失了解未知世界的机会。所以，我们需要利用业余时间，积极读书，品味多彩人生，体验阅读的快乐。

1. 爱读书是一种智慧

“爱什么就能学到什么，爱得有多深学得就有多好！”爱因斯坦曾经说过：“热爱是最好的向导。”只有热爱阅读、热爱知识、热爱学习、热爱在书海里遨游，并且爱得如痴如醉，像饥饿的人见到食物那样扑上去，消化、吸收，才能读好书。

在犹太人家里，小孩稍微懂事，母亲就会翻开《圣经》，滴一点蜂蜜在上面，然后叫孩子去舔《圣经》上的蜂蜜。这仪式的用意是告诉孩子：学东西是甜蜜的，读书是甜蜜的，应该抱着欣喜和愉悦的心情来学习，来读书。

犹太家庭的孩子几乎都被问过这样一个问题：“假如有一天家里

着火了，你将带什么东西逃跑呢?”要是孩子回答不出来，家长就会告诉他：“你要带走的不是金钱，也不是财物，而是智慧！因为智慧是任何人也抢不走的，你只要活着，智慧就永远跟着你。”而智慧的培养又岂能离开教育和读书?

古时候，犹太人的墓园里常常放有书本。说是在夜深人静时，死人会出来看书的。这种做法象征着“生命有结束的时候，求知却永无止境”。犹太人家庭还有一个世代相传的传统，那就是书橱要放在床头。要是放在床尾，就会被认为是对书的不敬而被禁止。犹太人不禁书，即使是一本攻击犹太人的书。

犹太人爱书的传统由来已久，深入人心。联合国教科文组织1988年的调查表明，在以犹太人为主要人口的以色列，14岁以上的以色列人平均每月读一本书；全国的公共图书馆和大学图书馆1000多所，平均每4500人就有一所图书馆。在450万人口的以色列，办有借书证的就有100万。在人均拥有图书馆、出版社及每年人均读书的比例上，以色列超过世界上任何一个国家，为世界之最。

有人说犹太民族是优秀的民族，我们觉得这与犹太人爱书的传统有关。

古今中外，许多思想家、文学家、科学家都把阅读看作是自己的挚爱。《聊斋志异》的作者蒲松龄就认为“书痴者文必工，艺痴者技必良”。意思是说，如果一个人对阅读达到了痴迷的程度，那么他的写作水平一定不同凡响。

事例一：

毛泽东的雄韬伟略就得益于他对读书的挚爱，他说："我学习中最有收获的时期是在湖南图书馆自学的半年。"博闻强记的马克思同样也是读书人的楷模。弗·梅林在《马克思传》中写道："马克思在大学时代就已经独立工作了。他在两个学期中所获得的大量知识，如果按照学院式的喂养法在课堂上点点滴滴地灌输的话，就是20个学期也是学不完的。"

事例二：

但丁是意大利文艺复兴时期的伟大先驱。他一向把书看得如生命一样重要。有一次，他的妻子盖玛叫他去买药，但丁走到药店门口，一眼看见那里摆了个书摊，他立即被吸引了过去。他看到书摊上还摆着一本自己渴望已久要读的书，就无法抑制自己要看的强烈欲望，痴迷地读了起来。街道上车水马龙，熙熙攘攘，但他却一点也感觉不到，完全沉浸在书的海洋里。天色慢慢暗了下来，书摊主人该回家了，但丁才恋恋不舍地往家走去。一路上，他不停地思考回味着书中精彩的内容。回到家，他兴奋地对妻子说："我今天看了一本非常好的书。"妻子对此不感兴趣，赶忙问他："你买的药呢？"但丁才忽然想起买药的事。他满脑子里都是书中的内容，早就把这事忘得一干二净了。

苏联教育学家苏霍姆林斯基对阅读也特别推崇，他曾说："阅读应当成为吸引学生爱好的最重要的发源地。学校应当成为书籍的王国。""学生的第一个爱好就应当是读书，这种爱好应当终生保持下去。"

为了让自己拥有这份智慧，喜欢上阅读，我们可以从以下几方面着手：

(1) 经常和父母、同学、朋友去逛书店

书店的环境是安静的、恬淡的，一点儿不吵闹。看看周围的人，都在认真地挑选、阅读自己喜欢的书。在这个知识的海洋里，相信你一定会受到熏陶和感染。

(2) 有目的性地进行阅读

明确目的实在是阅读的第一要事。目的明确了，不仅给阅读增强了动力，也给计划的制订、读物的选择、方法的选定等一系列问题找到了根据，找到了出发点。这个习惯一旦养成，必将有利于阅读效率的提高。

法国科幻小说作家凡尔纳，为了写《八十天环游地球》这本书，他在确定好内容和构思好情节以后，便从各种书中去搜寻写这本书所必须了解各国火车时刻表以及地理知识和风土人情等材料，从而很快完成了这本书的写作。

在现代“信息爆炸”的时代，一个人既不可能继承前人的全部知识，也不可能掌握现代人的所有创造。因此，你的阅读就应该具有目的性，有选择地去读自己想要掌握的知识。

(3) 把书放在随处可拿的地方

一位老师，他的两个孩子正在读小学，无论和谁聊天，这两个孩子的话题都丰富得惊人。

“现在物价上涨得厉害，国家应该采取措施了。”

“姚明生病了还坚持打球，真敬业。”

“余秋雨的文笔就是好！”

……

当别人问这位老师是如何让孩子如此博学时，这位老师笑着说："你去我们家看一看就知道了。"

原来，在这位老师家里，所有称得上是房间的地方，都堆满了杂志和各种类型的书籍。

我们可以学着像这位老师一样，把家里布置出书香气，比如客厅、写字桌、床头等地都放上书，做到随手就可以拿到书。

（4）边读边思考

阅读很重要，但如果没有自己思考的加入，阅读还可能是一桩害人的事。历史上很多这样只会读书、遇事奉行教条而导致失败的例子。其中，大家耳熟能详的"纸上谈兵"的故事就是这种食古不化的代表。

赵括熟读兵书，在战场上死搬兵书教条，结果长平一战大败，40余万赵国大军全部被秦国名将白起坑杀，使赵国元气大伤，从此衰落。

由此可见，如果在阅读时不懂得开动脑筋思考，就如同人吃饭一样，只贪图腹欲，不会品出其中的滋味。只有爱思考的阅读方式，才能在阅读中得到更丰厚的回报。只有反复研读、认真思考，才能把书本上的知识变为自己的东西。

开始阅读时，可以挑选一些自己最喜欢的书籍来读，逐渐养成良好的阅读习惯。低年级的学生可以从喜欢的图文并茂的注音读物开始，不仅喜欢读，还喜欢讲给别人听。中、高年级的学生可以多读名人传记及科普读物，结合语文课的学习，阅读适合"口味"的文学作品。当你有了阅读兴趣之后，再对最喜欢的书籍产生的兴趣为"生长点"，不断增强对其他领域书籍的热爱，扩展阅读面。

2. 选择性地进行阅读

苏联文学巨匠高尔基说过："书籍是青年人不可分离的伴侣和导师。"现代社会飞速发展，知识更新也越来越快，人类获取知识80%靠阅读，单纯靠教科书已远不能满足学生们的成长需求，多读书对于学生的成长非常重要。但是，对于究竟要读什么样的书，怎样阅读书中的内容，则需要慎重选择。俄国著名文学评论家别林斯基说："阅读一本不适合自己阅读的书，比不阅读还要坏。我们必须会这样一种本领，选择最有价值、最适合自己的所需要的读物。"

梁元帝萧绎是南北朝时梁代的一位皇帝。他嗜书如命，但只是为了"韬于文士"，而无意治国安邦，所以读书漫无边际、不加选择，倒因读书而荒废疏远了朝政，以致在公元554年被北朝西魏军攻破都城，他也成为亡国之君。

我们是否可以这样理解，决定梁元帝命运的重要因素之一是他读的书。

当然，一本好书就像一位仁爱的师长，可以帮助我们走向成功。《钢铁是怎样炼成的》一书曾激励了许多热血青年；《雷锋的故事》使得无数人懂得了人生的真正价值。一本好书是无形的营养品，它在无声无息中净化了我们的灵魂，激励我们奋发向上。

我们再来看看，美国中小学生是如何选择阅读材料的吧！他们选择的材料主要有以下几点：

(1) 注重文字的传统与文字的形式，有利于学生掌握词汇与书法、书面语和口语。

(2) 内容广泛。比如，要求读《奇异的年代》《我们的文学遗产》《超过几十亿人口的拥挤的世界即将来临》《婚姻预告教育》等。

(3) 注重实际运用，比如，“食谱”“处方”等。

可以看出，他们选择的阅读材料涉及的领域是十分广泛的，不仅课内知识得到了巩固，生活实践能力也得到了提高。

人的一生有几个年龄段是适合读闲书、读杂书、读课外书的。其中，从小学四五年级到初中一二年级。在这四五年里，恐怕是最关键的一个年龄段。有专家甚至认为，这个年龄段看什么书，能看多少书，能钻多深，这都会影响到一个孩子未来的人生走向。

然而，谈到当今学生的阅读状况，却让人很担忧。学生在读课外书时有太多的盲目性和随意性，而在读书中表现出来的则是一种浮躁，甚至带有功利色彩。调查发现，现在很少有学生会孜孜以求地去读一本课外书，读书就是看热闹，图好玩，看什么书都是一目十行，走马观花，并且热衷于那些猎奇的、情节曲折的、富于幻想的卡通书和故事书。

那么，到底有哪些书适合学生们在闲暇时阅读呢？阅读时，应该如何捕捉有用信息呢？

第一，能补充和强化课内学习的读物

在校的学生，首要任务是要学好课内课程，所以，课外阅读也应该紧紧围绕它来展开，选择补充和强化教材的课外读物来学习，这样，你的学习效果才能事半功倍。比如学语文，我们可以看一点儿文学史、文学家故事、语法以及《杂文报》《杂文选刊》一类的书刊；而学数学，我们可以读一点儿诸如《数学史话》《点、线、面》一类的书。

第二，有选择地读“闲”书

“闲”书是可以看的，只是每个人看书的角度和目的不同，有的同学看书只是为了消遣，看后一笑了之，而有的同学则能在“闲”书中找到“颜如玉和黄金屋”。也就是说，看书的目的不同，选择的角度不同，收获自然也就不同。

武侠小说 读这样的小说，要选择被公众所认可的经典书来读。这样的书，广为流传，版本也很多。如果你想锻炼自己认繁体字，那么就可以选竖版的《倚天屠龙记》来看。如果你的英文水平较高，那么就可以选择金庸先生的部分小说英文版的来读。在读这些书的过程中，你不仅得到了快乐，能力也得到了提高，岂不是一举两得。

侦探小说 读这样的小说，可以把自己想象成小说里的侦探，做到未读先知，也就是说用现有的条件来推断结果。在这个过程中，不仅可以锻炼你的逻辑思维能力，而且还可以丰富字词等语文知识。

历史小说 读这样的小说，不仅可以了解许多历史人物和事实，还可以学到国际政治、地理、军事等方面的知识。

人物传记 读这类的书，不仅可以了解古今中外名人的坎坷历程，而且还可以从中受到启发，激发你内心的斗志，希望自己也能如他们一样做出一番事业。

科普读物 读这类的书，不仅可以扩大你课内知识的广度，加深对知识的埋解，还可以增加你对日常生活现象的了解，生活常识得到丰富。

第三，处理好博和精的关系

一个人要想学识渊博，这就非广泛地阅读不能奏效。比如，马克思就曾读过哲学、经济学、数学、文学、艺术等方面的书，鲁迅也曾读过除文学外的许多图书，如医学、绘画、历史等方面的书。他曾告诫他的学生说：“爱看书的青年，大可以看几本课外的书，不要只将课内的书抓住不放。”

当然读课外书也不能过泛，要有一个明确的目标，重点应放在什么地方，这样，才会收到较好的读书效果。记得我国著名美学家朱光潜曾讲，在大学里，他就读了不少书，但他的读书，都是围绕自己学习的重点进行的。他在大学时，就著成了美学经典之作《西方美学史》。

所以，我们在尽可能广博阅读的同时，还要围绕自己所热爱的某门学科深入研究一些，力争在这方面有所突出。因为，按现在教育专家的看法，没有专长知识的学生是不会有太大成就的。况且，一旦在某门学科上有深入研究，也会大大增强自己学习的信心，这对于学好功课是极为有利的。

3. 细读经典名著

古人云：“腹有诗书气自华。”具有渊博知识的青年人会散发出一种儒雅的风度。一个具有渊博知识青年人，远比那些随波逐流、见识肤浅的同龄人更有魅力。

司马迁很小的时候就饱览群书，20 岁时，便开始遍游祖国各地，了解各地历史和风土人情，积累了丰富的学识。他做太史令后，常跟随皇帝在全国巡游，搜集并阅读了大量的历史资料。宫廷里的藏书都被他读遍，掌握了大量的史料。在“李陵事件”的悲惨遭遇中，他从“西伯拘而演《周易》，仲尼厄而作《春秋》，屈原放逐，乃赋《离骚》，左丘失明，厥有《国语》”等先圣先贤的遭遇中获得了求生的希望，以顽强的毅力，历经10年编写了历史巨著《史记》，流芳千古。

试想，司马迁若是没有阅读大量史料，在遭遇大难后，没有史书中那些先圣先贤的激励，没有丰富的学识让他先前的宏愿得以实现，可能中国的史书中就不会有“司马迁”这个名字。

所以，青少年要多读经典名著，从中吸取丰富的营养。戏剧大师莎士比亚说过：“书籍是全世界的营养品，生活里没有书籍，就好像没有阳光，智慧里没有书籍，就好像鸟儿没有翅膀。”由此我们可以想到，读书对我们是何等的重要。

名著之所以成为名著，是因为它经得住时间的考验，赢得了广大群众的喜爱，在思想性和艺术性上有超越一般作品的长处。学生要扩大知识视野，积累文学素材，提高思想修养和艺术修养，必须认真地、仔细地阅读名著。

那么，如何阅读名著呢？

首先，明确哪些书是名著

凡是经得住时间的考验，赢得广大群众喜爱的，在文学史、思想史、哲学史等各方面有一定影响的著作，甚至是划时代的著作，都可以称为名著。

单从文学的角度说，如我国先秦时期的历史散文和诸子散文、楚辞、汉魏六朝诗歌、唐诗、宋词、元曲等的代表作、明朝时期的四大长篇小说，甚至清末的四大谴责小说以及文言短篇小说等，都可以称为名著。近现代著名作家的代表作，如鲁迅先生的小说、杂文、散文、诗歌；郭沫若的新诗集、历史剧；朱自清、叶圣陶等名家的代表作，都可以称为名著。

外国的作品，古典方面的，如文艺复兴时期的莎士比亚的作品、但丁的作品、荷马史诗等，是应该好好阅读的。近现代作品，如历年来的诺贝尔文学奖获奖作品，都算名著。

建议同学们读《语文课程标准》推荐的读物。这些读物不可能一个学期读完，那么可以制定一个恰当的阅读计划，分段推进。

其次，明确怎样读

阅读是一门学问，从阅读的重点上说，可以把阅读分为精读与泛读；以阅读的生理方式划分，可以分为朗读与默读；从读书的速度上说，则可分为速读与慢读。不同类别的书，也有不同的读法，对于名著来说，精心、细致的阅读应该是最适合的。如何进行精读呢？

读封面。主要是了解书名、作者、出版单位以及出版年限。从这些内容中，你可以了解作者通过书名想要表达的寓意，从而对书有一个感性上的认识。

读提要和目录。这些内容是作者用来提纲挈领地点明主题、思路的，可以帮助你判断书本内容的取舍，以便有针对性地重点阅读或粗略阅读，还可以培养你写作结构的合理性。

读前言和后记。通过看这些内容，你可以了解该书的背景材料、主要内容的重点与难点，以及优缺点，等等，利于你对书中内容的迅速而正确的理解。

读章节。精细地阅读某一章节，主要在于抓住关键词、标题、摘要、图表等有代表性的东西。一般每章节都要阅读三遍才能真正掌握书的主要内容。第一遍为粗略了解，第三遍为总结性阅读。

复述。通篇读过以后，要试着回想所看内容的要点，并努力用自己的话表述出来。这不仅能加强记忆，而且能加深对内容的理解。

复习。整本书读完后，再回过头来对这本书做全面的思考和研讨，可以与已经学过的其他材料进行比较。

一般每章节结构的起首段和结尾段都是重点扫读部分。它们都包含概括性信息，主体内容都可以在快速扫视中知晓。

再次，在读的基础上要动笔

一部名著在思想上和艺术上，一定有很多地方值得我们思考和学习的。用笔将所需知识和资料记录下来，以后好为我所用。现介绍两种动笔的方法：

(1) 标注式。在读的基础上，碰到有不理解或自己特别欣赏的地方，及时在文本中画出。人们习惯用的符号有以下几种："……"着重号，点在文章中需要着重领会，加深记忆的词句下面。"□"方框，画出文章中的生字、难词。"——"直线，画出文章中的难句。"～～～"波浪线，也叫曲线，画在文章中精辟的和重要的语句下面。"∨"填补号，用在文章语句中表达不完满，需要做一些填补的地方。

不管你用什么圈点符号，一定要注意以下几点：一是用什么样的符号表示什么方面的意思要始终一致。二是所读的书必须是自己的，不然把别人的书画得很乱，是不礼貌的。

(2) 评点式。评点，是在文章的字里行间、正文顶端和旁边及边缘空隙处，对文中的一部分用简短的文字给一扼要的评价和提示。评点阅读对提高分析、理解、鉴赏的能力大有好处。评点有三种方式。其一是旁批，即在正文旁边用简短的文字写出自己的理解和提示。其二是行批，即在文章的字里行间，对文章的某一点或某一部分进行简单的评点。其三是眉批，即在标画的基础上，在书页的天头或地脚处写上简单的心得、体会、评语或疑问等的笔记方式。

学会了阅读就像掌握了一门技能，不仅可以节省你的阅读时间，还可以提高你的阅读质量，真正吸取书中的精华。

4. 进行快读训练

在获取知识的时候，我们输入必须大于输出，才能不断地提高与进步。

一位大名鼎鼎的文学家曾经被一个文学青年问道："您用在阅读和写作上的时间，比例是怎样的?"

文学家回答道："三比七。"

"您读书的时间这么短，可为什么会获得如此丰富的知识呢?"青年继续追问道。

文学家笑笑说："其实，我之所以可以积累大量的知识，并不是因为我读书的时间比别人长，而是因为我比别人掌握了更多的读书技巧。"

处在信息时代，我们需要面对大量的信息和知识，对于有些内容，我们大概了解就可以了，没有必要花费过多时间来细读，这样才能把更多的精力放在那些你感兴趣或是需要精读的内容上。

根据报载，一位在菲律宾马尼拉出生的15岁女孩马莉亚，一分钟可以看300页的书，她在同大学生们进行的公开测验时，以58秒的时间读完一本从未看过的书，然后进行问答，她能正确而详细地说出书中的内容。

一般来说，人的阅读速度大约每分钟100～200个词，经过速读训练，大部分人的速度可提高2～3倍。如果一个人的阅读速度很快，我们经常用“一目十行”这个词来形容。其实，如果进行认真的训练，你也可以掌握这个能力。

首先，记录自己的阅读速度

下面有一个表格，可以帮你记录结果。留出专门的时间训练快速阅读。计划每天训练半个小时最佳。只要始终如一，任何时间都可以。

阅读速度训练记录表

杂志或书	页数	时间	速度

选择感兴趣的内容阅读：小说、故事集、杂志，等等。所选读物最好不要有图片或者图表、公式等东西，因为它们能使你分散注意力。无论选择什么，在训练期间要看同一类型的材料。如果你选择读一本杂志，每页有多个栏目，格式也不规则，那么就一直坚持这种材料。如果你选择的是每页只有一栏的书籍，那么一直就读这种格式编排的书籍。

用计时器记下你读3页或者4页文章所用的时间，然后把总字数除以分钟数就得出阅读速度。你没有必要数出所有的字数。数出10行的字数和你阅读的总行数。然后，用10行的字数乘以总行数，再除以10。这样，就大致算出总字数了。然后，把结果记录在表格中。用坐标轴画曲线图表示你阅读速度的变化会更直观、更有帮助。在横轴上标出你练习的次数，在纵轴上标出每次练习的阅读速度。用这种方法，你就可以判断自己是否在不断提高。但是，不要为求速度而牺牲理解。你需要不时地检查自己记住了多少内容。你可以简单地通过总结读过的内容来做这件事。

准确来说，连续几周坚持每天训练下来之后，你的阅读速度应该有一个接近的最高速度。你可以从你的阅读曲线中看出这一点。如果阅读曲线趋于平缓，就表明你没有很大的进步。这个接近的最高速度并不是你的最佳表现，只是一个好的开端。然后，你要通过选择难度较大的材料进行训练，比如教科书。这时的阅读材料应该有生词和复杂的长句。

对于训练难度较大的材料，在最初的几次练习中应该读得较慢一点。

其次，练习跳读

你要把几个字组成的一个词或短语当成一个阅读元素进行阅读练习。这样，你就可以不必把它们读出来，而只用看就可以明白什么意思，比如，中小学生、大学生、科技书，等等。这类的词我们一看就明白意思了，而不再需要逐字地去读。接着，就要把两个词、三个词……甚至是一行当成一个元素来进行速读训练。

当你可以找一张卡片，比照你要读的书页和上面的文字，仔细地切出一个横向较长的长方形，当作是你训练的小屏幕。

如图：

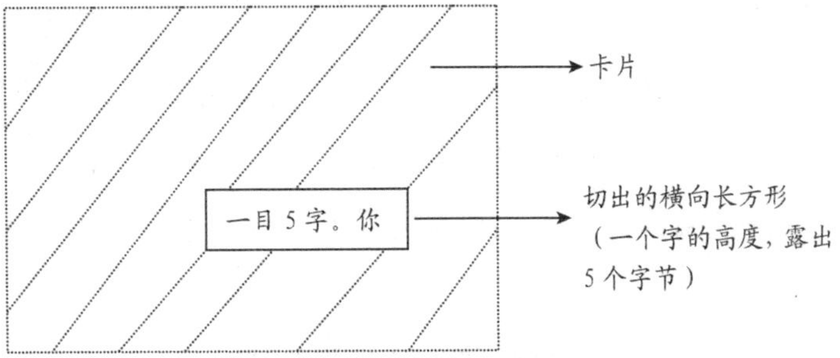

训练的时候，看5个字要同你看一个字一样，整体地看，没有眼球移动的过程。就像看一幅画一样，把5个字当成一个元素。当你完成了5个字的训练后，那么就再做一张小卡片，可以“一目8字”地对自己进行训练，然后再“一目10字、15字”……

如果你的逻辑思维能力很强，对于阅读的文字能很快做出分析判断。再如果你的阅读面广，了解的知识多，就能很快熟悉所读的内容。所以，要培养自己快速阅读的能力，除了技术训练之外，还要提高自己的分析能力和扩大知识面。

为了使快读训练尽快见到成效，有几点注意事项需要学生们了解：

（1）不要反复浏览。凡是科技读物，一般只需顺着读一遍即可。如有必要，也要等整篇读完之后，再回过头重复某项内容。避免眼睛不断地来回移动。

（2）默读，不要朗读。发声的阅读是快速法的大忌。

（3）阅读时，视线应与读物成垂直线，并充分发挥视线的“余光”作用，扩大视线范围，多看到一些文章内容。

（4）有理解、有目标地进行阅读。阅读时，抓住实质性的关键词。所读的内容实质，正是阅读时应弄通的重点。理解并记忆就是我们读书最终目标。

（5）要经常训练自己的速读能力，长期坚持练习，以便形成学习习惯，巩固自己已经取得的成果。

很快，快速阅读的方法就能学到手了。

5. 用标题法阅读报刊

“标题阅读法”，是一种通过审视文章题目，发现、分析、把握标题意思、关键词语，利用经验猜想文章，快速阅读文章等手段、步骤而进行的阅读方法。

报纸和期刊是新闻性和时效性较强的信息媒介。因为它们上面刊载着大量信息，所以可以满足各类读者的需要。同时，这也意味着，上面有些信息并不是你感兴趣、想要了解的。这时候，我们可以通过“标题阅读法”从茫茫信息中迅速找到与自己相关，感兴趣或自己要找的内容。

首先，浏览各版

所有的报纸与期刊都有一定的版式与各版分栏，都有一定的相对固定的模式。比如，每份报纸每个版面的首栏就是每个版的大题。1 至 n 版为什么性质的主要内容，你大可在拿到一份报纸后就走马观花地“浏览”各版，从而以最快的速度进入你要占领的阵地。而且现在各家报纸都流行在首版头条刊登力图炒作的卖点新闻与资讯，你尽可一目了然。

期刊也大抵如此。每份期刊都会在其首页的目录里以隔断分栏的方式将林林总总的文章分门别类，以利于资讯“物以类聚”，也有利于读者一目了然地“各取所需”。

其次，抓住中心

重视所有期刊、文字书籍的目录，编者、译者、作者的序言，前言与后记等非正式的阅读内容，因为它们是你进入资讯世界的捷径。通过它们，你可以以最短的时间最快地了解全书的性质、内容和核心所在，从而提高效率。

报刊的编者们为了提高其刊物在激烈的市场角逐中的竞争能力，求得生存与发展，无不绞尽脑汁地站在读者的立场与角度，从每一个细节着手。所以他们的美编与版式设计人员总会在每版（页）的图文编辑上，以现代视觉传达的规律，让你尽快地捕捉到你想要得到的信息。而你所需要做的就是在知晓这些秘密后，对他们的用心良苦“心领神会”，满足自己的需要。

所以，每份期刊与每份报纸的每个版块，你只需快速浏览甚至是扫视一下该版（页）的所有大小标题，你就尽可将天下“大”事了然于眼，然后将你所喜欢的择于眼中，而将你不喜欢的置之不理。

如何看标题呢？

标题和目录往往都是一行，至多两行，你用“一目一行法”马上就能了解其内容。

查找代表你所寻找观点的关键词或短语。比如，我们想研究拉丁词汇是怎样进入英语的。我们得寻找一本有关这个题目的书或一篇文章，然后跳读，查找“拉丁”“诺曼法语”“方言的发展”等类似的字眼。很快，你就会找到材料中需要认真读的部分。

下面，列出几个标题，考查一下自己的训练到了什么水平：

“约会教育”在上海中学校园

中国漫画家在土耳其漫画比赛中获奖

福娃漫游“海陆空”

互联网快速发展，你准备好了吗？

当你看到这些标题时，要快速抓住“行”的中心，也就知道了这篇文章的主题，或是它的中心思想、要阐述的观点，等等。像上面的几个标题，主要是要讲“约会教育”“中国漫画家”“福娃”和“互联网”。抓住了题目的中心思想，你也就可以选择是否需要再读下去了。

最后，重点阅读

选好了要读的文章，下一步就可以把整篇文章分成“块”，一块十行，迅速地将文章浏览一遍。你也可以抓住每段的中心句，这样利于自己更加明确地抓到文章的要点。

当你发现自己最感兴趣的信息时，就可以用精读的方法，逐字逐句地来阅读这段文字了。

每一本书其实都是作者或编者与读者的一种交流。每一篇书前的序言里都将阐明其主要的目的。

每一本书的具体章节一般都用章节题目与开头几段点明主旨，然后都将把整个章节围绕主旨扩展，最后以归纳性语言结尾。这一规律与特点在教材上体现得最充分。我们把以上关于阅读文字书籍的规律与特点告诉大家，正是想让读者把握阅读的规律，从而主动积极地阅读，达到最佳效率。

阅读是一种本领，也是一种艺术。灵活掌握可以增强学习效果，勤于锻炼可以提高阅读效率，同学们不妨一试。

6. 形式各异的阅读方法

品书如进食，得其法，营养与美味兼得；不得其法，或不得美味，或不得滋养，或伤害身心。然而，方法在哪儿呢？古今中外，名人读书各不相同。

事例一：

毛泽东毕生珍惜时间，博览群书。其中“三复四温”式阅读和“不动笔墨不读书”是他主要的读书方法。

他在青年时期就熟读了《史记》《汉书》等古籍，并且不断地重温；就是到了晚年，对他喜爱的同一本史书，也是反复研读，并有读过一遍书在封面画上一个圈作记号的习惯，所以，在他读过的许多书籍中，均留下了他读过二遍、三遍的圈记。毛泽东在青年时代读书时即有“读得多，想得多，写得多，问得多”的习惯。他的写作多表现在做内容摘录，在重要的地方画上圈、杠、点等符号，作批注以及写读书日记、在原书上改错纠谬。

事例二：

鲁迅在博览群书的基础上，形成了有自己特色的读书方法。

一是泛览，他提倡博采众家，取其所长，主张在消闲的时候，要“随便翻翻”。二是硬看。对较难懂的必读书，硬着头皮读下去，直到读懂钻透为止。三是专精。他提倡以“泛览”为基础，然后选择自己喜爱的一门或几门，深入地研究下去。否则，读书虽多，终究还是一事无成。四是活读。鲁迅主张读书要独立思考，注意观察并重视实践。他说：“专读书也有弊病，所以必须和社会接触，使所读的书活起来。”他还主张用“自己的眼睛去读世间这一部活书”。五是参读。鲁迅读书不但读选本，还参读作者传记、专集，以便了解其所处的时代和地位，由此深化对作品的理解。

事例三：

爱因斯坦的“总、分、合”三步读书法。

所谓总，就是先对全书形成总体印象。在浏览前言、后记、编后等总述性东西的基础上，认真地阅读目录，概括了解全书的结构、体系、线索内容和要点等。

所谓分，就是在“总”体了解基础上，逐页却不是逐字地略读全文。在略读中，要特别注意书中的重点、要点以及与自己需要密切相关的内容。

所谓合，就是在略读全书后，把已经获得的印象条理化、系统化，使观点与材料有机结合。经过认真思考、综合，弄清全书的内在联系，以达到总结、深化、提高的目的。

现代社会，书籍、报刊、资料的数量按指数增长，以科学杂志和学术文章为例，现在比 50 年前约增加 1 倍，比 150 年前增加了 1000 倍！选择一种合适的阅读方法，才有可能提高阅读效率，最大限度地获取信息。关于提高阅读效率，世人总结了不少经验，现选择几种进行介绍，以供参考。

(1)“SQ3R”读书法

近年，国外流行一种“SQ3R”读书法。“SQ3R”是英语 Surrey（俯览通观）、Question（发问）、Read（阅读）、Recite（复述）、Review（复习）的缩写。这种五步读书法，最早出现于美国依阿华大学，后来，美、英和欧洲各国都普遍采用。国外一些教育学家和心理学家认为，这种读书法符合人们读书中的一般思维规律，有助于理解书本内容和增强个人记忆力。

五步读书法过程如下：

浏览：这是读书的第一步，当拿到一本书后，首先应概要地读一读该书的提要、目录，以便对该书有个大体的了解。

发问：这一阶段，要读书中各章节的标题以及章节承上启下的内容，一边粗读一边提问。这样可以激发学习兴趣，促进自己的钻研。

阅读：如果说浏览、发问敲开了书本知识的大门，阅读则是登堂入室。阅读就是从头到尾细读，对重要、难解部分反复读。在阅读过程中，要做到眼到、口到、心到、手到，也就是边读、边思考、边圈点、边画杠杠。要尽可能将自己原有的知识和新知识结合起来，写眉批写心得，做读书笔记，以保存“知识印象”。

复述：即“回忆印象”，如俗话说的“过电影”。离开书本，回忆书中的内容，看自己发问题目上是否获得了正确的理解。这是自我检查学习效果的方法，也是巩固记忆的手段。

复习：一般在复述后一两天内进行，隔一段时间再重复一次，可以巩固已有的知识，又能温故而知新，从中获得新的体会。

（2）猜读法

猜读法是阅读一本书之前，看前文，先作预想猜测，然后将后文的实际内容与猜想的内容作比较的一种阅读方法。

如读议论文，先研读题目，猜想可能会怎样提出论点，可能会采用什么论据，可能会运用什么论证方法，然后再读下文。

当读一篇新闻时，从标题开始边读边思考，以至读到导语、背景、段落、结尾，都不停地思考：思考作者会怎样写，有哪些长处、不足，我从中得到什么启发。这样经过一番猜测，明显地提高了阅读效率。

读小说，可以推测情节的发展，人物的命运。比如，读章回小说，当两将厮杀将要分胜负之时，或书中的主人公危难临头生命不保时，作者往往在这一节骨眼上卖一个“欲知后事如何，且听下回分解”的关子，忽然停住，给人留下一个悬念。善于读书的人，读到此处便不急于抢读下文，而是掩卷而思：两将究竟谁胜谁负？主人公命运如何？情节将如何发展？假如我写将如何处理……经过这样一番悬思猜测，不管你所思所测对或不对，然后再展卷续读，都是有好处的。

运用猜读法阅读，大脑处于积极的思维状态，心理上有一种急于想了解下文内容是否与猜想的内容一致的意向。因此，大脑对文字语言的选择性理解的效率大大加快，有时只需扫视几个词、几个句子就能从整体上把握住文章的主要内容。猜读有助于理解，又可以提高阅读的速度。

（3）比较品读法

一次读几本书，比较对照的方法读书。“不怕不识书，就怕书比书。”写《魏书》的史学家夏侯谌自视甚高，听别人称赞陈寿写的《三国志》，不大服气，便找来细读再三，这才知道《三国志》的确比自己的《魏书》好，当即烧掉自己的书稿。

正如车尔尼雪夫斯基说过的：“任何东西，凡是我们拿来和别的东西比较时，显得高出许多的，便是伟大。”比较品读可以是横向的，不知道《丑陋的中国人》怎么样，对比《丑陋的日本人》就会读出奥妙；也可以纵向比较，读不懂奥巴马，可以读一读罗斯福，就恍然大悟。搞研究或做论文时，用这种方法可以让你大受裨益。

7. 养成做读书笔记的习惯

晋朝左思，小时学业平平，受父亲的严厉责备后而发愤苦读。他在室内的门上、墙上，甚至厕所里，凡是他生活中能经常接触到的地方都挂笔和纸。他读着想着，只要看到或想到好的思想、语句，就随时随地记下来。日积月累，他终于获得了真才实学。这些笔记，为他的创作生涯储备了取之不竭的财富。后来，他写的《三都赋》轰动京华，人们竞相传抄，一时纸价大涨，留下了“洛阳纸贵”的佳话。

俄国文学家果戈理被称为“笔记迷”。他说：“一个作家应该像画家一样，身上经常带着铅笔和纸张。”有一次，他邀请朋友到饭店吃饭时，对饭店里的菜单很感兴趣，便拿出笔和纸抄了起来，以致忘了招呼朋友。朋友不高兴地问他：“你是请我们来吃饭的，还是来陪你抄菜单的?”果戈理赶忙道歉，这才熄灭了朋友的怨气。后来，这个菜单出现在他写的一篇小说里，使小说里的乡土气息更加浓厚。

前人的经验告诉我们：读书学习必须勤于动笔。笔记是将他人的东西转变为自己东西的一个必然过程。多做读书笔记，有利于积累有用的资料，提高文字表达能力；有利于训练思维的逻辑性和条理性。因此，我们每个人从学生时代起，就应该学会做札记的方法，培养做读书笔记的习惯，一定会终生受益。

笔记可不拘体例，不限长短，内容庞杂，形式多样。主要可采取以下几种方式：

（1）摘录式

就是把书中一些阐述重要观点或有参考价值的部分及有关原文摘抄下来。比如你自修文科，便可摘录有关的学习资料、重要文章、警句格言、词语典故等。如果学理工科，就得摘录有关文献、重要的结论与证明、独特的技巧，等等。这样便可备你不时之需。

最好在摘录的一段前面，加上简要题目，并在后面注明书名、版本、页码，以便日后查找，摘录后可按各种主题加以分类。

（2）摘要笔记

即看完一本书或一篇文章，在真正理解原著的基础上，对文中的某一观点、事件、情节，或某一章节、定理等，进行分析、归纳，将原著的主要内容提炼出来，用自己的语言，把精要的部分记下来。这种笔记能帮助加深对学习内容的理解。

根据字数的要求，摘要可详可略、可长可短，但仍然是以传达原文的主要精神为标准。所谓“传达”，就是尊重原文，不能走样。

在做一篇文章摘要的基础上，有时我们可以在读完几篇文章后，把它们综合在一起做成一篇综合摘要，也叫主题摘要。这种摘要，因为已经不是局限于一篇文章的就事论事了，所以就很像是在做一篇文章了。

（3）心得式

就是在读过一本书后，把自己的心得体会记下来。可以就整本书、整篇文章写出心得体会；也可以写某一章节、某一观点的学习体会（包括记下一些疑问和不同看法）。写体会时要适当引用原著的有关论述，结合现实情况，写出自己体会最深刻的地方。这是做笔记的一种高级的形式，难度较大。

心得也可以是札记、体会。札记多为旁征博引，辩证考订；体会多为引申阐发、借题发挥。沈括的《梦溪笔谈》，茅盾的《读书札记》，马克思的《数学手稿》，用的就是这种方式。这是写笔记的一种高级形式，要求有更多的个人创见，难度也较大。但它却是创造的半成品或完善的精制短篇，一旦需要时，就可组织起来，使之成为有价值的作品。因此，我们要长期积累这种个人创见。因为这种笔记可以帮助我们养成思考、研究的习惯，提高写作水平。

（4）索引式

有时，当你看到一些文章感到十分有用，每一句话都想记下来，但内容却太多，便可采用这种方式。自学成名的史学家陈垣曾说："教学和研究要从目录学入手"，"目录学就好像一个账本，打开账本，前人留给我们的历史著作概况，可以了然"。所以，你可以采用索引的方法，把有关文章的题目或书名作者、出处、版本和时间等内容写下来，方便以后再次查找和翻阅。

（5）计算机式

计算机，作为现代信息处理的工具，它的本事大极了。首先，计算机的容量（内存量）极大，对它来说，可以把我们书架上所有书里面的内容全部装进去。其次，它处理问题的速度快得惊人，一眨眼的工夫就出来了。再次，利用计算机做读书笔记，可以随时打开计算机，找到某个文件，任意增加、删除、修改其间的字词、句子或数字，然后存起来就行了；不像在纸上，涂改几回就乱得一团糟。还有，计算机还可以解决用笔记本做不了的事情，如处理图案，等等，用计算机做起来可是轻而易举。

上述几种做笔记的方法，可视各人的爱好、条件而定。至于书写格式，记在笔记本、活页张、卡片、纸条上均可。如果是自己的课本、书刊，那么写在天头、地脚、篇末、段尾都行，也可在书中作些符号或标记。总之，各种方式均有所长。

8. 写好读后感

读后感，也叫心得体会，就是在你阅读完一本书或者一篇文章之后，针对其内容发表自己的感受、心得、思考、议论、评价，等等。

写读后感，会培养和丰富你的分析和联想能力，提高你综合问题并把自己观点表达清楚的修养，同时，它也能反过来促进你的阅读和理解水平。

读后感，是读书笔记的进一步深化。比起读书笔记来，它的形式和思路、内容更为灵活多样，没有什么固定的模式。你可以围绕一个主题、一句话、一个词，像写散文一样，“形散而神不散”，使你所有的知识和学问在一篇读后感当中得到尽情的发挥。

读后感属于议论文的范畴，但又不同于一般的议论文。

一般议论文，要求观点明确，论据典型，论证严密；而读后感最突出的特点是“读”和“感”的紧密结合。“读”，指读了何人、何文，文中有何事、何观点；“感”，是指读后有何感受。“读”是“感”的基础，“感”是“读”的升华。就所读作品而言，“读”是“即”——对所读内容和感发点作必要的交代；“感”是“离”——根据感发点进行联想，谈感受。“感”与“读”互相作用，不可脱节。

“读”和“感”的结合，一般采用两种形式：一是边述读（交代所读内容）边发感；二是先述读后发感。原则上讲，先述读后发感的形式比较好把握，适合初学写读后感的同学使用。

要写好读后感，除掌握以上基本的文体知识外，还必须把握以下几个写作步骤：

首先，简述原文有关内容

如所读书、文的篇名、作者、写作年代，以及原书或原文的内容概要。写这部分内容是为了交代感想从何而来，并为后文的议论作好铺垫。这部分一定要突出一个“简”字，决不能大段大段地叙述所读书、文的具体内容，而是要简述与感想有直接关系的部分，略去与感想无关的东西。

其次，亮明基本观点

选择感受最深的一点，用一个简洁的句子明确表述出来。这样的句子可称为“观点句”。这个观点句表述的，就是这篇文章的中心论点。“观点句”在文中的位置是可以灵活的，可以在篇首，也可以在篇末或篇中。初学写作的同学，最好采用开门见山的方法，把观点写在篇首。

再次，围绕基本观点摆事实讲道理

这部分就是议论文的本论部分，是对基本观点（即中心论点）的阐述，通过摆事实讲道理证明观点的正确性，使论点更加突出、更有说服力。这个过程应注意的是，所摆事实、所讲道理都必须紧紧围绕基本观点，为基本观点服务。

最后，联系实际谈感受

这个“实际”，可以是自己的思想和生活实际，也可以是别人的思想和生活实际。在联系实际谈体会时，不要就事论事，要注意展开想象，从古到今，从近到远，从己到人，从正面到反面，只要与文章的主要内容有关系，都应大胆自由地写。如果我们能把自己的经验教训与作者的切身体会结合起来写，那么写出来的读后感一定更真切，更有感染力。

以上四点是写读后感的基本思路，但是这思路不是一成不变的，要善于灵活掌握。比如，“简述原文”一般在“亮明观点”前，但二者先后次序互换也是可以的。再者，如果在第三个步骤摆事实讲道理时所摆的事实就是社会现象或个人经历，就不必再写第四个部分了。

写读后感还应注意以下几个问题：

(1) 读懂原文

“读后感”的“感”是因“读”而引起的。“读”是“感”的基础。走马观花地读，可能连原作讲的是什么都没有掌握，哪能有“感”？读得肤浅，当然也感得不深。只有读得认真，才能有所感，并感得深刻。

如果条件允许，那么在读文章前我们可以先了解一下作品涉及的社会背景、作者等。在读中可分三步去理解文章内容，把握文章的思路：一是初读感知，理清层次，把握文章的来龙去脉，建立起对课文的初步总体印象。二是细读深思，抓重点，评词析句，体会用词的生动、准确。三是研读体悟，突破难点，掌握文章的内容和表达的中心思想，用心去感悟生活、研读文章，理解含义深刻的句子。

我们只有通过认真地“读”，才能领会到文章的内容和作者的思想感情，在此基础上，才具备了写“感”的条件。

（2）认真思考

读后感的主体是“感”。要写实感，还要在读懂原作的基础上作出自己的分析和评价。分析和评价是有所“感”的酝酿、集中和演化的过程，有了这个分析和评价，才有可能使“感”紧扣原作的主要思想和主要观点，避免脱离原作，东拉西扯，离开中心太远。

所以，写读后感就必须要边读边思考，结合历史的经验、当前的形势和自己的实际展开联想，从书中的人和事联系到自己和自己所见的人和事，哪些与书中相近、相似，哪些与书中相反、相对，自己赞成书中的什么，反对些什么，从而把自己的感想激发出来，并把它条理化、系统化、理论化。总之，想得深入，才能写得深刻感人。

开心小测试：你会阅读吗

下面共有10个问题，每题分别有A、B、C、D、E 5个答案可供选择。

1. 阅读时你有明确的目的和动机吗？（　　）

A. 总有　　B. 有个大概的目的

C. 有时有　　D. 很少有

E. 从来没有

2. 在读一篇文章时，你的阅读速度有变化吗？（　　）

A. 不断变化　　B. 有时有

C. 在阅读前确定速度　　D. 中速

E. 总是很慢

3. 你能把注意力完全集中在所读文章上吗？（　　）

A. 能　　B. 大致能

C. 在读物吸引人的情况下能　　D. 很少能

E. 不能

4. 你能迅速看出文章的结构吗？（　　）

A. 能

B. 能迅速看出重要的章节

C. 读过小部分后能想象出结构

D. 读过全文后能断定结构

E. 没有注意过结构

5. 你能快速理解整篇文章所有句子或部分句子的含义吗？（　　）

A. 能　　B. 在内容浅显的时候能

C. 有时能　　D. 很少能

E. 不能

6. 你会回头重读刚读过的文章吗？（　　）

A. 从不

B. 哪里不懂就看哪里

C. 由于不解词义有时再看一遍

D. 由于不解文章思想有时需再看一遍

E. 不断地回头看

7. 阅读时你需要用手、笔在字间指画吗？（　　）

A. 从不　　B. 有时动

C. 读到重要处动手　　D. 经常动

E. 一直动

8. 你阅读时出声吗？（　　）

A. 不　　B. 偶尔会

C. 难懂的词出声　　D. 常常会

E. 总是会

9. 你是否对自己所读的东西产生具体概念？（　　）

A. 经常会　　B. 有时会

C. 难回答　　D. 很少会

E. 从未

10. 阅读时你的视线怎样移动？（　　）

A. 在页间垂直迅速滑动

B. 在行间“之”形移动

C. 斜线移动

D. 每行间停顿

E. 每词停顿

评分标准：

A 为 10 分，B 为 6 分，C 为 4 分，D 为 2 分，E 为 0 分，请你将你 10 个题目的测试分数相加后即为你的总得分值。

测试结果：

1. 90~100 分为熟练阅读者；

2. 70~89 分具有快速阅读习惯；

3. 40~69 分为博学但未养成速读习惯者。

如果是 40 分以下的朋友，那你就必须通过训练来改善和提高自己的阅读能力。

第五章　在记忆中享受学习的乐趣

记忆是积累知识的仓库。记忆是用人类创造的全部知识来丰富自己的头脑。人不能没有记忆，人若没有记忆，人甚至难以生存；学生不能没有记忆，学生若没有记忆，学习就会成为一句空话，学习兴趣更无从谈起。

1. 积极锻炼记忆力

“记忆”是人们对经验的识记、保持和应用的过程，是对信息的选择、编码、储存和提取的过程。在现实生活中，记忆力扮演着重要的角色。日本学者小田晋在他所著的《记忆力的科学》中说道：“我们的一生，其实就是一条流动着的记忆链。一个人如果想不起从前的事，记不住现在的事，不能思索未来的事，那么，他的一生就是一片空白。可见，记忆力对人生是何等的重要。”

历史上，我们可以看到许多杰出人物，他们也都有着惊人的记忆力。

美国政治家，第16任总统亚伯拉罕·林肯，他在43岁时，偶然遇见自己20年前参加“里鹰战役”时的指挥官，竟能立刻喊出他的名字，使在场的官员们无不感到惊讶和钦佩。

日本飞鸟时代的德圣太子抑制了贵族势力，确立了天皇权力的政治制度，并制定了17条宪法，而且还编纂了许多史书。因此，他的功德至今被人们传颂。据说，他能同时倾听10个人的申诉，对每个人所提出的问题都能作出恰当的判断。

英国哲学家米尔10岁前就已经掌握了几种语言。发掘出特洛伊遗址的德国学者修里曼，孩提时就能背诵父母教授的霍梅罗斯的诗篇，长大以后，他只需几个月就能掌握一门外语。

人类所具有的记忆力在生物界中可以说是最出色的。正因为人类有了如此独特的记忆能力，才逐步建立了现代的文明社会。作为现代社会的一员，若想更好地学习各种知识，增强记忆是重要的方法。良好的记忆力，是一个人飞跃发展的重要基础。

对于中小学生来说，记忆的重要性无论怎么估价也不会过分。而且，这个时期，又是人记忆的黄金时代。

心理学研究表明，人在12～13岁左右，机械记忆（无意义记忆）最为发达，而到15～16岁时，逻辑记忆（理解记忆）不断发展起来，65岁的人比25岁的人对新的不熟悉的经验的记忆能力平均要低35%，而80岁的人理解力只比20岁的人低20%左右。这说明，随着年龄的发展，记忆力的减退要比理解力的减退显著得多。因此，人一生的前期，记忆力较强，而到后期，记忆新东西就会感到十分吃力了。

“人无两度少年时。”明白了这个道理，就要抓住自己记忆的黄金时段，努力锻炼记忆力，不断积累新知识，为今后的学习和工作打下坚实的基础。

如何锻炼自己的记忆力呢?

首先要对自己充满信心

美国心理学家胡德华说:“凡是记忆力强的人，都必须对自己的记忆充满信心。”但是现实生活中，我们常常听到有人这样说:“我天生记忆力就不好”“我的记性真差”“我对数字真是无可奈何，朋友的电话号码一个都记不住”，等等。

实际上，几乎所有的人都具有相当了不起的记忆力。美籍匈牙利数学家冯·诺伊曼在《计算机与人脑》这部著作中提出:人的大脑的每个神经元相当于一个记忆元件，它有兴奋和抑制两种状态，就像一个双稳态继电器。因此，神经元记忆的信息可以用二进制的单位“比特”来计算。大脑皮层约有100亿~140亿个神经元，如果人的一生用60年来计算，神经元每秒接受的信息量为14~25比特，那么，人的一生记忆储备量为$10^{15}\sim 2.8\times 10^{20}$比特。换句话说，人的大脑一生可储藏约5亿册书的全部信息，相当于50个美国国会图书馆的全部藏书量。

所以，不要用自己记忆力差为借口，而拒绝锻炼记忆力。要有自认为记忆力很好的态度，也就是在心中这么想:我的记忆力相当好，而且继续着这种想法，不要中断。

其次，调动学习兴趣

不难发现，即便说自己记忆力不好的人，在谈到他们感兴趣的话题时，他们也会说得滔滔不绝，绘声绘色，对于自己所关心的事物，往往显出惊人的记忆力。就像学习差的学生一样，虽然他记不住课上所学的内容，但他能将上学途中所见到的玩具店记得一清二楚，除了因为他的脑部活动比较活跃外，更重要的是他对事物充满了好奇心。相反，一个每天赶公共汽车上下班的人，对于窗外的街景却没有丝毫的印象，是因为他没有心情去欣赏。

因此，要想增强记忆的先决条件就在于引起兴趣。不要把学习当作是一个任务和负担，要在学习中找到乐趣。只有这样，记忆的效果才是最好的。

最后，掌握正确的锻炼方法

日本善操有趣魔术表演艺术的小寺幸作先生，是一位90多岁的老人，他对具有高度记忆力的魔术表演的兴趣是从60岁开始的。特别需要数学运算的节目，更是他的拿手好戏。在利用数量知识的魔术表演中，一个程序出现差错就根本不能继续表演。因此，小寺幸作先生可以完整地记忆表演节目的全部复杂程序。他的拿手节目多得令人吃惊，以至一些颇有名望的魔术师也向他求教。

其实，小寺幸作先生并不具备天才的记忆力。秘诀在于，他在一套独特的记忆整理技术程序并反复进行练习的方法。因此，到任何时候都能记住全部内容。

请记住，不存在诸如记性不好这样的事，只存在经过训练的或未经过训练的记忆力的区别。你生来天资不低，这天资就是你的记忆力。而你若想使这一记忆力得以充分发挥，你就务必去调动它，使用它。它就在你身上，一直伴随着你去达到你以往从未达到过的目标。

2. 提高记忆效率的诀窍

记忆力是智力的重要组成部分。如果没有记忆的知识来作为思维的材料，那么，任何思维活动都难以进行，更谈不上知识的灵活运用和开展创造性思维活动了。因此高效记忆对于我们提高学习效率有着至关重要的作用。下面，就提高记忆谈几点方法。

（1）把学习变成有利可图的事

人是最现实的动物，没有好处的事情做一次两次可以，要多做就觉得很没意思，要长期坚持根本不可能。因此，我们一定要明白学习的意义，如果长远的意义并不能使人心动，那么眼前的、近期的收益则一定会令人兴奋：考出名列前茅的成绩、考取奖学金、考试过关出国留学、用优良的成绩取得同学和亲友的认同，等等。各人有不同的情况，要针对自己的实际制定近期的目标，一个有吸引力、有甜头的目标，如果目标所带来的甜头很大而且目标是现实可行的，那么学习效率一定会很高。

（2）保持兴趣和愉快

记忆力与兴趣关系密切。兴趣是增强脑细胞活动能力的动力。例如球迷在看一场精彩的球赛时，能毫不费力地记住比赛中的每个精彩场面，而情节生动的小说也会使读者久久难忘。所以，兴趣是记忆力的促进剂。

要与愉快的事情相连。愉快的事物使人消除枯燥感，对记忆产生兴趣。记忆时，把要记忆的枯燥信号与愉快的事物相联系，枯燥便可化为兴趣，同时提高记忆效率。

（3）用理解帮助记忆

对记忆对象的充分理解，有助于记忆。特别是在记忆那些复杂的史学、物理公式时，只要理解了公式的含义和推理过程，公式就自然而然地印在你的大脑中了。这是因为理解使记忆变得容易了。

(4) 运用多种感官进行记忆

由于使用感觉器官的差别，记忆的效果就不一样。有人通过实验提供了以下的数据：在单位时间内，依靠听觉获得的知识，可以记忆其中的15%，依靠视觉获得的知识，可以记忆同一内容的25%，而将视觉听觉器官结合起来可以记忆同一内容的65%。所以在整个识记过程中，要尽量使用听觉和视觉感官。

有一份研究材料表明，识别一种事物使用不同的方法，识记需要的时间往往不一样。直接看实物识记需要0.4秒，用彩色照片识记需要0.9秒，用黑白照片识记需要1.2秒，用线条图识记需要1.5秒，用语言描述识记需要2.8秒。可见，要想提高记忆效果，应尽量去感知那些具体、形象、生动的实物，因为看实物印象深刻，往往记得比较牢固。这种感知事物的方法，学得快、兴趣浓、记得牢。

学习外语时，为什么特别强调听、说、读、写呢？其中一条是要充分运用各种感官来提高记忆的效果。看书、朗读、听录音、书写的综合活动，可使注意力集中，将内容多渠道输入大脑，能很快地记住外语的单词和课文。而有的学生学习外语，只是看书，既不出声，也不动手，结果记忆效果很差；也有的学生拿起书，拼命地念，就是不动脑筋去想、去理解，不尝试回忆，结果仍然记不住，使得外语成了许多学生的老大难科目。所以记忆过程中，还要尽量说和思考。

(5) 利用零碎时间记忆

很多人抱怨缺少学习时间，其实只要你善于利用时间，你就会发现生活中有很多时间金矿，比如上学、放学乘公交车时、上厕所时、洗澡时、做家务时……其他时间也可以以此类推。如果你能够把这些时间都用上，那么你用于记忆的时间将会有可观的增加。

不要忽视这些零碎时间，用小块小块的时间分散记忆会比用大块大块的时间集中记忆的效果更好，因为用小块小块的时间记忆，记忆后有充足的时间让大脑进行神经突触的增生，而大块时间反而形成记忆交互抑制，效果往往不如用小块时间记得好。比如学习外语，那么可以将需要记忆的词汇、语句等打印，做成精美的实物卡片，更可以随心所欲地快速录制各种教材的单词、会话 MP3、MP4，大大方便了用户利用零碎时间学英语。

（6）多用多练

自觉地在用或练中去记忆，在活动中去记忆，这是一种积极的方法。在应用知识解决问题的过程中，不仅巩固了对所学知识的记忆，而且加深了对知识的理解，这种理解的加深，又能巩固对知识的记忆。

留学生为什么学习外语的进度很快呢？道理很简单，就是因为留学生生活在异国的环境之中，生活和学习中处处要使用外语，在用中不断强化巩固，这对外语的单词、词组、句型和语法的记忆和掌握极有好处。因此，想学好外语，应当创造更多的使用外语的条件，例如多读外文书，多翻译，多听录音，多用外语会话，积极参加外事活动，等等，从而达到加强记忆的目的。

在数理化的学习中，如果选的题目好，也就是在习题中包含着所学的知识内容，那么习题做多了，有关的概念、定理、定律、公式就可以牢牢地记住了。多用、多练的方法有益记忆，这是指在解决问题的学习活动中记忆，不是静止地去记。优秀生在考数理化之前，很少背定理、公式，因为通过平时做题，早就达到了熟练的水平，无需再突击了。

可以这么说，大脑“储存库”内的知识，不仅不会因为经常使用而减少，反而会因为经常使用而越来越牢固地储存在更加科学的地方，以备需要时迅速地使用。

（7）合理安排复习周期

只顾记忆新的内容而不去复习巩固旧的内容，这种学习方法就像猴子摘香蕉，摘一个掉一个；但过多过早地进行复习又会造成时间和精力的浪费，而且实际生活中，人的精力时间本来就很有限，要面对的问题总是太多，经不起浪费，如果过多过早地复习，则会大大减缓学习的速度和抑制其他内容的学习。

每个人的遗忘周期都不同，要根据自己的实际情况摸索出自己的遗忘周期，合理安排复习的时间。

（8）注意休息，保持大脑的最佳状态

大脑不能过度疲劳。大脑疲劳是大脑细胞活动过度引起的。此时，不论你怎样努力，脑细胞的活动能力也要降低，记忆力随之下降。在这种状态下勉强记忆，久而久之则会降低大脑的兴奋程度。因此，每当大脑疲惫时，就应该休息片刻，让大脑得到充分休息，使记忆时经常处于最佳工作状态。

3．理解以后再记忆

理解就是掌握事物内在的、本质的、必然的联系。

事例一：

陈正之是宋朝的读书人，他看书特别快，抓住一本书，就一个劲地赶着往下读，一目十行，囫囵吞枣。他读了一本又一本，花了很多时间和精力，可是效果很差：读过的书像过眼烟云，根本就留不下一点印象。他十分苦恼，开始怀疑自己的记忆力不好。

有一天，他遇到了当时著名的学者朱熹，就向朱熹请教。朱熹询问了他的读书过程后，给了他一番忠告：读书不要只图快，哪怕每次只读50字，重复读上几遍，也比一味地往前赶效果好。读的时候要用脑子想，用心记。陈正之这才明白，他之所以记不住读过的书，不是因为记性不好，而是因为读书的目标不明确，方法不对头，他把读书多当成了读书的目的，忽视了对书籍内容的理解和记忆。这样匆忙草率地读书，既消化不了书中的内容，又不能进行有意记忆，记忆效果当然不好。

事例二：

列宁有着超人的记忆力。有一次，他去远离莫斯科的一个城市视察工作，在火车上，他带了好几本厚厚的书，专心致志看着。这时，坐在他对面的一个人问："这么多书，您看完后记得住吗？"列宁说："当然可以记住，不相信您可以提问。"他把书递给了对面的那个人。那人真的拿起书来向列宁提问。结果，列宁居然全都答对了。

"您简直是记忆力超人啊！"那个人敬佩地夸奖起来。没想到列宁笑呵呵地说："也没什么，我已经习惯这种阅读了。学习总要抽空才行的嘛！要想记住，首先要理解。理解的东西，才能记住，记住才能会用啊！"

德国心理学家艾滨浩斯曾做过这样一个实验：识记12个无意义音节，平均需要16.5次才能背诵，识记36个无意义音节，需要54

次才能背诵，而识记6节诗，其中有480个音节，却只要8次就能背诵。这个实验表明，有意识记忆比机械识记的效果要好得多，理解对记忆的重要性。因此可以说，理解是记忆的第一步，是记忆的前提和基础。我们应该在理解的基础上进行记忆。

那么，要理解什么呢？最重要的是要理解材料，弄清材料的内容实质，达到弄通弄透的效果，不可一知半解或者不求甚解。物理学家丁肇中曾饶有兴趣地回忆小时候记忆圆周率的面积计算公式 $S=\pi r^2$ 的过程。他用了整整半个月，原因在于他苦思冥想“π”是什么，“r”是什么，为什么是“r^2”。正因为他认真钻研的精神，一丝不苟的态度，善于理解的悟性，使得他在物理学这一领域成绩斐然，享誉海内外。

比如，对于数学公式、法则、定理、推论与定律，首先要理解它的含义，搞清它的来源与推导过程及性质与意义。对于代数公式 $(a+b)^2=a^2+2ab+b^2$，有的同学就是死记，三项硬背下来。有的同学就在理解的角度，了解 $(a+b)^2$ 的实质，这样就自然记住了公式的各项。还有的同学也从理解的角度，了解了 $(a+b)^2$ 展开后，反正要有 a 和 b 的二次项，也就不用记了，只要记住有一个一次项“$2ab$”就可以了。

再比如，背诵诗文首先要理解诗文的内容、用词及结构特点。识记历史年代、地理位置、人名、地名、门牌号与电话号码等，也需要一定的理解再加上联想把识记对象同其他有关事物联系起来，掌握特点及其规律性。

另外，我们要善于在新旧知识之间架设桥梁，加强联系和理解。由于通过理解抓住了新旧知识间的联系，使新知识有了支撑点，不仅便于记得牢固，而且还可以使旧知识得到新的理解。

通过理解，将知识系统化，使所要记忆的内容纳入知识的体系之中，成为整体的一部分，这样就更容易记忆了。

我们强调理解记忆，但并不意味着否定机械记忆，抛弃机械记忆。对于无法理解的问题，还是要强行把它记住。记得多了，也会加深你对问题的理解。记忆的时候一定要保持完整性，注意前后联系，切忌孤立、片面的记忆。

4. 巧妙的谐音记忆

所谓谐音记忆，就是把有些知识按照其他同音汉字去理解，使原来无意义的音节变成有意义的词句，使之生动、有趣，可以收到出奇制胜的效果。中国的汉字中有许多字是同音字，有更多的字读音相近似，借助这种谐音关系，赋予需要记忆的对象以特殊或新颖的意义，常常能收到一语双关、喜闻乐见而又经久难忘的效果。

谐音双关语是我国历代民歌的习惯表现方式，以此生动而又含蓄地表达微妙的感情。唐代刘禹锡的《竹枝词》：“杨柳青青江水平，闻郎江上唱歌声。东边日出西边雨，道是无晴却有晴。”诗中“晴”与“情”谐音，语意双关，委婉地道出了初恋少女的内心世界。说话写文章，运用的语言既要合乎规范，又要准确、生动、形象、感染力强；不仅能使人懂，而且让人懂得透彻，发生兴趣。这就需要讲究语言艺术。

如果我们留意一下修辞法，必然要提到谐音，这里有一个藏头、藏腰、藏尾三种修辞方法相结合的完整的藏词修辞格：

上联：二三四五；

下联：六七八九；

横批：南北。

这是旧社会里穷人贴在门上的对联，上联藏去“一”（谐音“衣”），下联藏去“十”（谐音“食”），横批藏去了“东西”。这户人家在哀叹自己“缺衣少食，无东西”。

像以上这副对联和谜语，巧妙地运用谐音，不但兴趣盎然，而且使人能过目不忘。

这里再讲一个谐音故事：

从前有个爱喝酒的私塾先生，一天他给学生们布置了一道题目，要把圆周率背到小数点后30位，并宣布放学前考试，背不出不得回家，说罢就走了。学生们眼睁睁地望着这一长串数字3.141592653589793238462643383279，个个愁眉苦脸。一些学生摇头晃脑地背起来，还有一些顽皮的学生揣好题单，溜出私塾，跑上后山去玩。忽然，他们发现先生正与一个和尚在山顶的凉亭里饮酒作乐，便偷偷钻进了林子。夕阳西下，老师酒足饭饱，回来考学生。那些死记硬背的学生结结巴巴、张冠李戴，而那些顽皮的学生却背得清脆圆顺，弄得老师莫名其妙。

原来，在林子里玩耍时，有个聪明的学生把要背诵的数字编成了谐音咒语：“山巅一寺一壶酒，尔乐苦煞吾，把酒吃，酒杀尔，杀不死，遛尔遛死，扇扇刮，扇耳吃酒。”一边念，一边还指着山顶做喝酒、摔死、遛弯、扇耳光的动作，念叨了几遍，终于都把它记住了。

谐音是记忆的窍门。在记忆过程中，我们可以把某些零散的、枯燥的、无意义的识记材料进行谐音处理，以形成新奇有趣、富有意义的语句，这样就容易记住了。

例如：

(1) 记一次绝对值不等式的解集

$|x|>a$,　$x>a$ 或 $x<-a$

$|x|<a$,　$-a<x<a$

可用谐音法记作："大鱼取两边，小鱼取中间"。同时联想到吃大鱼只吃两边的肉，吃小鱼掐头去尾只吃中间。

(2) 记英语单词

记 food（食物）时，想到"富的"；记 tomorrow（明天），想到"偷猫肉"；记 rose（玫瑰花）时，想到"肉丝"。

(3) 记物理公式

电功的公式 $W=UIt$，可用谐音法记作："大不了，又挨踢"。

同样道理，电流强度公式 $I=Q/t$，可记作："爱神丘比特"。

(4) 记电流表、电压表联接方式

电流表要串联在电路中，电压表要并联在电路里，为了防止记串，可记作"流串"加以区别，即电流表要串联，相反，电压表要并联。

(5) 记氧化—还原反应相关知识

氧化—还原反应中氧化剂与还原剂的判断可记作"杨家将"，即"氧价降"。意为氧化剂中的元素化合价降低；反之，还原剂中的元素化合价升高。

(6) 记化学现象

物质溶解于水，通常经过两个过程：一种是溶质分子（或离子）

的扩散过程，这种过程为物理过程，需要吸收热量；另一种是溶质分子（或离子）和水分子作用，形成水合分子（或水合离子）的过程，这种过程是化学过程，放出热量。可用谐音记作“无锡花伞”，即“物吸化散”。

（7）记地理数据

长江的长度6300千米，可用谐音法记作：“溜山洞洞”。

同理，地球的表面积为51亿平方千米，可记作：“地球穿着有污点的衣服”。

还有，记住中国的10条大河：辽河、海河、黄河、黑龙江、鸭绿江、怒江、珠江、澜沧江、长江、雅鲁藏布江。如果硬记，可能会很困难。所以，我们可以把它变成10字：“辽海黄黑鸭”，这是用5条河的字头组成；“怒猪（珠）滥（澜）长牙（雅）”则是用了谐音。

（8）记历史年代

①李渊618年建立唐朝，可记作：“李渊见糖（建唐）搂一把（618）”。

②清军入关是1644年，可记作：“一溜死尸”。因为清军入关尸横遍野。

③中日《马关条约》1895年签订，可记作：“马关的花生一扒就捂（霉变）”。

④1898年6月11日至9月21日，历时103天的戊戌变法，可记作：“戊戌变法，要扒酒吧；路遥遥，酒两舀”。“要扒酒吧”，即“1989年”；“路遥遥”，即“6月11日”；“酒两舀”，即“9月21日”。

(9) 记通信号码

电话号码2641329，可用谐音记作："二流子一天三两酒"。同理，电话号码3145941可记作："这件衣服虽然少点派，但我就是要"。"少点派"即π=3.14变为314。513879可记作："五一国际劳动节那天一个三八妇女背支七九步枪"。

这样把它们表现起来，就很容易记忆了。谐音在古今生活中的应用由来已久，这些谐音的运用不但使文字变得妙趣横生，更使你过目不忘。大家可以结合自己的记忆实际，编各种各样谐音记忆的内容。

5. 奇特的联想记忆

联想，就是当人脑接受某一刺激时，浮现出与该刺激有关的事物形象的心理过程。美国著名的记忆术专家哈利·洛雷因说："记忆的基本法则是把新的信息联想于已知事物。"这种利用联想来增强记忆效果的方法，就叫做联想记忆法。用联想来增强记忆是一种很常用的方法。

有人看到火车、河流、风筝、大炮、鸭梨、黄狗、闪电、街道、松树、高粱这10个词便会联想到一个场景：火车在河流上奔驰，河流上飘来一个大风筝，风筝吊起一门大炮，轰轰炮响，炮口射出的鸭梨，打进黄狗口中，黄狗闪电般跑上街道，爬上一棵老松树，偷吃树上的红高粱。这样，很快就能按顺序记下这10个词，并且经久不忘。

这里运用了代用法，如：用鸭梨代替子弹，用高粱代替果实；

运用了夸张法，如：风筝上吊起大炮。联想中动静相间，张弛有度。这样很快就能按顺序记下这 10 个词，并且经久不忘。

养成联想的习惯，不仅有助于提高记忆力，也有助于提高观察力、想象力、集中力与创造力。学习中形成和运用联想是增强记忆的重要方法。这种方法，对于各科的学习都很适用。

例如：

（1）记英语单词

我们可以将词形相似的词放在一起记，像 preserve、reserve、observe、deserve 4 个词都有相同的词根“serve”，把它们放在一起记，利用相似联想，既利于找出它们之间的内在联系，又利于辨别、区分它们的中文词义。

也可以将正反义词放在一起记，像 black（黑）与 white（白），superior（上等的）与 inferior（下等的）词义相反，把它们放在一起，可以由一词引起对它的反义词的回忆。还可以读音相近的词放在一起记，像 dark（黑暗）和 card（卡片）。

（2）记历史年代

淝水之战发生于公元 383 年，通过“淝”可联想到“肥胖”，由“肥胖”想到“胖娃娃”，而 8 字的两个圆正好是胖娃娃的头和身体，两个 3 则是两个耳朵。这样一想就记牢了。

魏、蜀、吴三国建国年代：公元 220 年，曹丕建魏，定都于洛阳，需记的内容有“220”“曹丕”“建魏”“洛阳”等项，可用联想加串联法记作：“曹丕喂（魏）洛羊（阳），一天二两（22）饼（0）”。

同理可记：“刘备守（蜀）成都，一天二两（22）药（1）”；

“孙权建吴业（建业），养了三只鸭（222）”。

（3）**记历史事件**

汉代的农民起义较大规模的有三次：一是公元17年发生的绿林起义；二是公元18年发生的赤眉起义；三是公元184年发生的黄巾起义。前两次发生在西汉，后一次发生在东汉。这三次起义的时间可以用对比法来记。最令人头痛的是起义名称的先后顺序容易搞混。为此，可采用联想记忆法来记忆。这三次起义的名称都有颜色，即绿、红、黄，可与枫叶联系起来记。枫叶春夏时绿，秋天变红，冬天变黄。

学习中，我们常常遇到有因果关系的两个事物。这样，已知一个事物，通过联想，可以记住另一个事物。

比如：已知1839年虎门销烟，通过联想，可以记住1840年鸦片战争。

已知1900年八国联军侵华，通过联想，可以记住1901年《辛丑条约》签订。

已知1911年武昌起义，通过联想，可以记住1912年中华民国成立。

已知1917年十月革命爆发，通过联想，可以记住1918年11月11日第一次世界大战结束。

（4）**记地理知识**

智利的首都“圣地亚哥”可记作“一个人的智力胜过他的弟弟不如哥哥”，即“胜弟亚哥”。还有人把“以色列”联想成“以颜色排列的国家”，进而又联想到赤橙黄绿青蓝紫七色，再想到一条虹；有人把“仰光”联想成“向日葵”，因为它时时都仰望着阳光。

要记住我国的四大盆地，即塔里木盆地、准噶尔盆地、四川盆地、柴达木盆地。可联想作：“盆地中有座塔、塔里有根木头，准备割（噶）木耳（尔），四面穿（川）上，操起柴刀打（达）木头”。

（5）记物理中的左手定则

联想到右手定则是什么内容就容易记住了；学了作用力，联想到反作用力的概念，容易记住；学了氧化反应，联想到还原反应的内容，容易记住。

奇特的联想记忆是通过夸张的情节，大胆的想象，离奇的场面来对所记知识进行加工，从而实现深刻、持久记忆。生活中，有些人并不喜欢这种记忆方法，他们认为，那么纷繁复杂的夸张联想，容易把自己弄得晕头转向。其实，这些人主要是不知道该怎样去联想，所以才对它不感兴趣。那么，什么样的联想才是合理的呢？

说服自己 联想实际是找内在关系，这个关系不一定是客观的，但一定要合理，或者说你认为合理。当你完成了一次联想后，你要问下你自己，这个合理吗？将来我能靠这个回忆出来吗？

要有逻辑顺序 无论你用任何方法去联想，必须按照一定的顺序去发展情节，词语和词语之间，要有一定的逻辑关系，不可以孤立地去联想，如果孤立地联想，那么将来回忆时间，就很有可能会遗漏，造成不准确现象。

可以补充连接词语 很多词语之间，很难找到连续发展的关系，那么就可以在这两个词语之间，补充适合联想的词语。需要注意的是，不可以喧宾夺主，重点是你需要记忆的关键词，需要对关键词重点联想，其他词语带过即可。

总结起来，我们可以说，一般互相接近的事物、相反的事物、相似的事物之间容易产生联想。许多国家的记忆大师们能在一会儿工夫认识四五百人，记住他们的相貌、姓名、职业，等等，都是以这种方法为基础的。所以，我们要充分利用已知的一些信息，通过联想，去记住另一个事物，不断增强自己的记忆力。

6. 化繁为简的分段记忆

惠惠是一名小学五年级的学生。一天晚上，她看完电视正想睡觉，突然想起今天老师留的课文还没有背。这可把她急坏了，她赶忙拿出语文课本。可是，这篇课文又长又难背，什么时候才能背完呢？于是，她想到今晚先把前半部分背完，剩下的明天再背。但前半部分也不短，她又把这部分分成若干个小节，一节一节地读，一节一节地背。结果还真灵。一会儿的工夫，她就把前半部分背完了。她又用同样的方法试着背剩下的部分，没过多长时间，一篇又长又难背的课文竟然也背出来了。

其实，惠惠用的这种记忆方法，就是我们所说的分段记忆法，即把要背的材料分成若干段，每一大段里又可分成若干小段。

美国心理学家约翰·米勒曾对短时间记忆的广度进行过比较精确的测定，测定正常成年人的记忆广度是7±2，并且得到了国际记忆学界的公认。也就是说，识记材料每个分段所包含的数量最好在7个左右，不管是单个识记内容或是同类的集合，都同样有效。只有这样，才能使分段记忆的效率达到最高。

比如，如果一篇文章有好几页，那么你可以先把它通读几遍，大致了解文章的内容，然后根据“魔力之七”原理，将它分成各部分内容均等的七部分，再把每部分分成七大段（可以把有一定关联的材料分为一段），然后把每段分成七句话。七句话七句话地背，等背熟了再背后七句话。这段背熟了再背下一段……等到部分都背熟以后，再把整篇课文读一遍，再背一遍。如果有的地方还不够熟，就重点把那部分背上三四遍。最后，通背课文，就可以了。

这种方法比较适用于记忆较长的材料，有时也用于学习那些内容杂而多、意义联系少、机械而零散的材料。比如，文言文、人名、地名、历史年代、外语课文，等等。

如此这般，原来一大篇化成了若干小篇，若干小篇又可化成若干小段。一小段一小段记并不困难。这种方法在心理上就产生了优越感，信心自然也就有了。

另外，我们在运用分段记忆法时，要注意两个问题：

（1）识记材料的分段要平均，每段所包含的信息量、信息难度要基本均等，以避免不必要的精力浪费，对于特别难记的材料或重点要分开来记。

（2）对于有一定关联的材料，记忆时不能把各部分孤立起来，要重点重视各部分之间的联结，对联结过渡的内容进行重点记忆。

7. 形式多样的记忆方法

这里，我们再提供一些其他记忆方法供学生们参考，但是别人总结的记忆方法就像别人的服装一样，有他的尺寸，即使你的尺寸和他一样，还可能有颜色、厚薄、软硬等不同的要求。至于何种方法有效，则必须靠自己在学习实践过程中摸索。

(1) 交谈法

和同学一起讨论交谈最近记忆的知识，是最有效的记忆方法。谈话时，交谈知识的内容会使自己尚未扎根的记忆和没有自信的记忆，经过交谈变成确实的记忆，会更加牢固地印在脑海中。

不论是稍微模糊的记忆，或是很自信正确无误的记忆，都可以讨论。即使阅读相同的材料，由于每个人的理解能力不尽相同，也许你的同学知道得很清楚；相反，你很清楚的地方，你的同学也许模糊不清。因此，这种交谈能够补充彼此在记忆上的弱点。而且当我们要把知道的事情说出来时，会感觉到当初记忆时缺乏完整的整理。这些不足都可以从交谈中得到弥补。

(2) 限定时间法

大脑也有惰性，但是当一个人需要有时间限制的记忆时，大脑就会自动地摆出"背水一战"的阵势——头脑的各种机能集中精力，对准备要记忆的目标进行通力合作，这时记忆效果极好。到紧急关头，人会加劲鞭挞自己进行记忆。所以，当你发觉自己读书效率不高的时候，就可故意瞪着眼睛望着时针，限定时间进行记忆，必然收到良好效果。

(3) 读记法

可以大声读记，李阳《疯狂英语》也极力倡导这种方法，好处是增加肺活量，调动全身心参与，适宜于早晨读记；也可以小声读记，好处是保护嗓子，适宜于较长时间的记忆；还可以默默读记，好处是保护嗓子，还不影响他人。三种读法交替使用，实现优势互补，效果更佳。

（4）对比法

对比记忆，是将所要记忆的内容通过对比的方法加以记忆。例如：

●记数字

①13 的平方为 169，14 的平方为 196。

②二分二至四个节气，是反映地球公转过程中季节的昼夜转换点，这四个节气的日期分别为：春分——3 月 21 日前后，夏至——6 月 22 日，秋分——9 月 23 日，冬至——12 月 22 日前后。从春分算起，月份分别为 3、6、9、12，均为 3 的倍数，而日期分别约为 21、22、23、22。

●记物理概念

①音调、响度和音品的联系与区别：

联系：音调、响度和音品（也称音色）是乐音的三要素。

区别：音调由发声体的振动频率决定；响度由发声体的振幅、离声源距离远近决定；音品由发声体本身性质决定。

②摄氏温度与热力学温度：

把标准状况下冰、水混合物的温度规定为 0 度，沸水的温度规定为 100 度，将 0 度和 100 度之间分成 100 等分，每一等分是 1 摄氏度。摄氏温度单位为摄氏度，用符号℃来表示。

宇宙中温度的下限大约为 -273℃，这个温度叫绝对零度。以绝对零度为起点的温度，叫热力学温度。热力学温度单位为开尔文，简称开，用符号 K 表示。

●记历史事件及年代

①公元前 221 年，秦始皇统一中国；公元 221 年，刘备建蜀。

②张骞出使西域，两次的时间分别为公元前138年和公元前119年。后者与火警电话号相同，19的2倍又正好是38。

③1616年，努尔哈赤称汗，建金；1661年，郑成功收复台湾。同理可记：马克思诞生于1818年，鲁迅诞生于1881年。

（5）串联法

串联记忆，是将所记忆的几项内容根据其各自的特征和相互联系串起来记忆。例如：

●记单句类型

单句分为陈述句、祈使句、疑问句、感叹句四种，可用串联法记作：“陈怡（疑）岂（祈）敢（感）”。假想陈怡是一个人，他说，陈怡哪里敢。

●记文言文人称代词

文言文中，汝、尔、子、君、乃都表示人称代词“你”，可用串联法记作：“汝乃君子尔”。

●用串联加谐音记“四书五经”

《孟子》《论语》《大学》《中庸》统称为“四书”，《诗》《礼》《春秋》《易》《书》统称为“五经”。“四书五经”可用串联记忆法记作：“四叔（书）猛（《孟子》）抡（《论语》）大（《大学》）钟（《中庸》），武警（五经）诗（《诗》）里（《礼》）存（《春秋》）遗（《易》）书（《书》）”。

●记“春秋五霸”

春秋时期，先后起来争霸的有齐桓公、宋襄公、晋文公、秦穆公、楚庄王，历史上称为“春秋五霸”。时间长了，这“五霸”易忘掉其中的一两个，如果用串联法记，就容易记牢。即：“近闻（晋文）齐桓采松香（宋襄），锯断秦木（秦穆）留楚桩（楚庄）”。

(6) 化简法

化简记忆，是将较繁杂的内容化成简单的内容来记。例如：

●记空气成分比例

空气的成分按体积计算，氧占21%，氮占78%，惰性气体占0.94%，二氧化碳占0.03%，其他气体和杂质占0.03%。可化简记作：氮氧之和占99%。只要记住当中一种，可推知另一种。其他气体占1%。再把这1%看成是100%，则其中惰性气体占94%，二氧化碳和其他气体各占3%。

●用化简加串联记《辛丑条约》的内容

八国联军进北京以后，1901年，清政府被迫同英、法、美、俄、德、日、意、奥等国，签订了丧权辱国的《辛丑条约》。主要内容有四项：①清政府赔款——白银4.5亿两，可化简为“钱”；②要求清政府严禁人民反帝，可化简为“禁”；③允许外国驻兵于中国铁路沿线，可化简为“兵”；④划定北京东交民巷为“使馆界”，允许各国驻兵保护，可化简为“馆”。这四项内容可化简串联记作：“前进宾馆出新丑”。

(7) 列表法

列表是把材料分别集中起来，放在表中适当的位置上。往往是一张表整理出来了，条理也清楚了，脑子也记住了。

列表记忆，运用范围广，类型多种多样，常用的有：

一览表　站在统观全局的角度，对识记材料进行鸟瞰，掌握其相互关系以便于全面记忆。

系统表　使识记材料系统化，便于通盘掌握和整体记忆。

比较表　对识记忆材料进行比较和分类，从特征上掌握知识材料。

统计表　把带有数据的识记材料制成表格。

关系表　用简单的图式把知识间的关系表示出来，以便于形象记忆。

网络图　用图示来突出知识各方面的关系。

示意图　把要记忆的材料图画化，画图时线条要简洁，立意新颖，用彩笔效果更好。

8. 重视记忆后的9小时

衡量记忆的标准主要有三条：一是记忆的敏捷性，二是记忆的持久性，三是记忆的准确性。记忆力主要与人脑机能有关，但方法得当，则事半功倍。在前面的“课后复习”一节中，我们已经提到过德国心理学家艾滨浩斯通过精密仪器绘制出一条记忆维持曲线，即“艾滨浩斯保持曲线”。

根据曲线得到如下结论：人的记忆力在记忆的同时便开始迅速减退。随着时间的流逝，减退速度会渐趋缓和。

如果我们能在忘记率由急而缓的时间内做记忆复习工作，那么长久记忆的知识也能相对地增多。这个时间已经算出，大约是在记忆后的9小时左右，这时记忆的维持率约为35%，而忘记量却占2/3。也就是说，在这段时间里，如果能花些时间复习记忆，可以使维持率逐渐提高。所以，我们要做好及时复习。

对学习过的材料进行及时、多次的强化，以巩固其在脑中的印象。复习时首先尝试回忆先前所记住的内容，这样可以提高记忆效率。心理学实验也证明了尝试回忆与反复诵读相结合能提高复习的效果。如下表：

诵读时试图重现的效果

时间分配	16个无意义音节重现百分数		5段传记文章重现百分数	
	立刻	4小时后	立刻	4小时后
全部时间朗读	35	15	35	16
20%用于试图重现	50	26	37	19
40%用于试图重现	54	28	41	25
60%用于试图重现	57	37	42	26
80%用于试图重现	74	48	42	26

在这里还要认清一个问题，学过的东西，虽然忘了，但并不是彻底忘了，如果加以复习，由于过去曾经学习过，理解过，当学习的内容重新出现在眼前时，就会产生“再认”的作用，因而有可能迅速地回忆起来，即使回忆得不完全，再学习一遍，也比第一遍学习要容易些。因为学习过的东西在大脑里终究已留下了痕迹，这种痕迹在一定的条件下还是可以恢复的。所以学过的东西一旦忘了，不要认为过去的工夫就白花了。

在训练记忆时，还可以放一些背景音乐，可以帮助你轻易而快速地进入理想的记忆状态，提高记忆速度。一般来说，50～70拍/分钟为最佳，如维瓦尔第的《四季》、恩雅《水迹》以及我国一些曲调悠扬的民族音乐等，都可以作为记忆时的背景音乐。

对于记忆者来说，最为有效的是能够发挥与创造适合自己的好办法。我们掌握了前面的这些方法，在这些基础上自己也可以去创造某种记忆法，以便于在学习、思维、创造过程中有效地记忆。只有适合自己的才是最好的，就是说最能够帮助自己有效的记忆方法，才是最好的记忆方法。

开心小测试：测测你的记忆力

1. 列出20种商品以及价格，用5分钟时间记忆，然后遮盖住价格，写出自己记住的价格数。

商品	价格（元）	商品	价格（元）	商品	价格（元）
旅行箱	460	水杯	30	空调	4100
手表	570	小汽车	235000	手机	3300
椅子	230	柿子	5	饮水机	230
电脑	8900	衣服	269	签字笔	25
CD	56	书本	43	皮鞋	880
篮球	179	牡丹	380	观赏鱼	1300
电视机	3850	宠物狗	430		

评分标准：对一个得1分。

记忆效率：得分/20 × 100 = （　　）%

2. 数字是最难以记忆的，下面是随意给出20个数字，用5分钟时间记忆它们，5分钟过后开始默写，连同顺序号。

19.70	20.678	12.21	8.654	6.38	3.46	5.789
16.458	18.307	11.76	7.585	5.11	2.73	6.348
17.85	15.41	10.25	9.659	6.24	1.642	

评分标准：对一个得1分。

记忆效率：得分/20 × 100 = （　　）%

3. 下面是随机列出的20个词以及它们的顺序号，大家可以用5分钟时间进行记忆，然后连同它们的顺序一起默写出来。

1. 电脑	6. 帽子	11. 手提包	16. 椅子
2. 书包	7. 铅笔	12. 橘子	17. 袜子
3. 篮球	8. 文具盒	13. 茅台酒	18. 戒指
4. 剃须刀	9. 弹簧床	14. 小汽车	19. 电饭煲
5. 太阳镜	10. 腰带	15. 手风琴	20. 计算器

评分标准：序号与内容都对才算对，对一个得1分。

记忆效率：得分/20×100 =（　　）%

第六章　排除影响学习兴趣的不良因素

学习兴趣浓厚的学生，对待学习的态度是“乐学”，在学习时专注投入，能自觉及时地总结学习的心得体会，学习效率高，学习效果好。相反，丧失学习兴趣的学生，对待学习的态度是“苦学”，学习消极被动，注意力容易分散，学习效率低下，学习效果差。因此，总结影响学生学习兴趣的因素，有的放矢地克服它们，对于培养学生的学习兴趣，提高学习成绩是非常重要和有意义的。

1. 厌　学

所谓厌学情绪，是学生对学习以及与学习有关的事表现出厌倦甚至厌恶的心理现象。厌学常常表现在不按时完成作业、课堂上与老师作对、逃课等。

事例一：

王磊是一个重点高中的学生，初中时学习成绩在班里都是前三名。后来升入高中后，第一次考试才考了全班30名，王磊很是焦虑，感到压力很大，觉得重点高中强手如林，高中的课程太难，自己不如别人，考试成绩也一次比一次差，于是产生了厌学情绪。

事例二：

小兵是初中二年级学生，在班上学习成绩属中等偏下。小兵从小父母离异，与外婆一起生活。父亲由于自身经济情况较差，很少给予照顾。母亲再婚后，曾接小兵和继父一起生活，但继父要求较为严格，曾因为小兵犯错而责罚教育，以后小兵对继父一直耿耿于怀，再不愿与母亲生活在一起，之后一直与外婆生活。

小兵从小学开始，各科成绩都很优秀。进入初中以后，学习开始有点吃力，在一次期中考试没考好之后，小兵就觉得心里特别烦躁，经常说头痛、难受，不想上学。初二上学期开学后，班级一个同学告诉他打游戏很好玩，他从此迷恋上了打游戏，以至于上课总是无精打采，提不起精神，上课老师讲到什么地方都不知道。老师针对他的表现，多次批评教育他。但是由于没有父母关心和管教，他不愿听课，不愿记笔记，拿起课本就烦，学习成绩下降很快，而成绩越下降越不愿学习。

这是一个学生因家庭因素和自身素质因素引起成绩下降，并最后导致厌学甚至逃学的事例。小兵产生厌学情绪的原因既有家庭方面的关心和教育不足，而导致小兵性格较为内向，个性自卑、孤僻、不合群，当遇到问题的时候，缺乏社会支持。也有自身的因素：小兵渴望取得好成绩，对自己期望很高，但是初中的学习内容比小学深，学习方法也会不一样，由于缺乏指导和学习方法，学习成绩得不到提高，反而下滑，导致学习动力不足、丧失学习兴趣和学习信心等，以致用逃避的方式来解决问题。

学生为什么会厌学呢？主要原因表现在以下几个方面：

(1) 在学习过程中没有成就感。成就感是一个人坚持某项工作的重要动力所在，如果屡遭失败，会影响学生的自我概念，即影响学生对自己的认识和评价，使他们认为自己的能力很差，无法完成学习的要求，产生自卑、自暴自弃的心理，降低学习动机水平。

(2) 由于在学习过程中信心不足与成就感缺乏，致使缺乏学习兴趣。每个人在自己感兴趣或具有个人意义的领域，自然会投入时间、努力和精力。兴趣是个性倾向的一种表现形式，是个人力求接近探究某种事物和从事某种活动的态度与倾向。学生对某一课程感兴趣，则产生学好这一课程的兴趣动机，若没有兴趣或兴趣不大，就需借助外力促其学习。

(3) 在学习过程中，由于学习的原因导致人际关系不良，促使学生加重厌学。如果在一个充满关爱的环境中学习，学生往往有十足的干劲。而如果在学习上的失败常常遭到老师的批评和同学的嘲笑，自尊心则会受到威胁和挑战，这样也会使学生对学习产生反感，出现厌学情绪。

(4) 学习过程中负担过重。尽管素质教育要求减轻学生学业负担，但不可否认的是学生的学业负担仍然过重，使部分学生产生了逆反心理。当然这其中的原因包括学校、家长和学生本人对自己的过高要求，当这种要求不能达到时，就会使学生产生焦虑和不安，为了减轻这种不安，有的学生就采取逃避的方式来对待学习。

厌学情绪是一种正常的不良情绪或者说是一种常见的消极情绪。据调查，中国学生厌学的比例相当大，尤其是中学生，有厌学情绪的学生占学生总数的15%以上，厌学已成为中小学教育中的一个亟待解决的问题。那么，该怎样激发学生的学习动机，克服厌学心理呢？

首先，树立正确的进步观

很多学生有一个错误的进步观：分数、名次进步了才是进步，所以学习的目的成了追求分数。即使知识学得不扎实，只要考试成绩还过得去，就沾沾自喜。相反，即使自己努力了，也学到知识，培养了一些能力，但由于这次考试的试题，恰好大部分出在自己掌握的知识范围之外，而分数不太理想时，就会垂头丧气，丧失信心，甚至从此一蹶不振，破罐子破摔。这都是错误的进步观惹的祸。

正确的进步观：今天，我学会了一条成语，是一种进步；记住了一个单词，是一种进步；学会了一道数学题，是一种进步……那么，只要学习，我们天天都在进步，时时都在进步。这才是正确的进步观。

厌学情绪，很多情况下是由错误的进步观引起的。一旦树立了正确的进步观，学生就会时时感觉到自己的进步，也享受着进步的喜悦。慢慢地，厌学情绪就可以克服。

其次，设置恰当的学习目标

设置一个适合自己的学习目标，刚开始目标不要过高，过高的目标容易使自己产生较大的心理压力，往往造成欲速则不达；目标太低则起不到应有的激励作用。所以目标要明确为中等难度，可以近期达到。

再次，掌握科学的学习方法

“最有价值的知识是关于方法的知识。”“方法对头，事半功倍。”这些名言俗语都强调了方法的重要性。

最后，进行正确的归因

每个人对自己成就情境的不同归因，就会引起不同的认知、情绪和行为反应。合理的归因可以提高自信与坚持性，而错误的归因会增加自卑和自弃等不良情绪和行为。如果我们在考试中没有取得好成绩，这并不能单纯地说明自己不如别人，不要给自己太大压力。高估了学习中的困难，低估了自己的学习能力，所以学习成绩才会越来越差。

正确认识自己，认识课程的难度。要相信自己，课程也并不像自己想的那么难，只要自己努力，一定会取得好成绩。

2. 焦　虑

老师向全班提问时，为什么学生觉得是在提问自己而感到不安？为什么一听说要“考试”心里就紧张？为什么在没有完成任务之前，总是担心完不成任务，一遇到考试就担心会考坏？……

小云是一名本科一年级的学生，父母均为农民，两个哥哥先后大学毕业，她经过高考，终于实现了自己“像哥哥们那样上高等学府深造”的愿望，抱着一种与现实差距较大的神秘幻想，跨入大学门槛。入学后紧张的军训，她挺过来了，可是另一种紧张而单调的学习生活，她却难以承受。她说：“生活真没意思，学习压力太大，没想到这样难，特别是高等数学和画法几何，学起来十分吃力。高中时我数学不是特别好，但也还过得去。现在上课时老师不停地讲，前面的内容还没完全听懂，后面的又接踵而至。尤其是画法几何，我怎么也想象不出来那些线条在空间是什么样的几何形状，太抽象啦。没想到大学的课程难度这么大。我最害怕的是期末考试不及格，要真的及不了格可怎么办呀？从上小学到高中毕业，还从来没遇见过这种困境。”

小云主要是产生了学习焦虑，害怕考试不及格。她感觉到大学的教学内容多、进度快，学习吃力，在学习上遇到了前所未有的困难，特别是因空间想象能力较差，数学基础一般，所以，一时难以适应大学数学较高的抽象思维能力的要求，尤其是画法几何这门课，高中几乎没有涉猎过，学习上感到非常吃力，失去了自信，乃至产生了恐惧感，甚至感到就像真的已经考试不及格了一样。

小浩是一名初中三年级的学生。他曾是班长，是班上大小活动的积极分子，学习成绩在班上也是一路领先，每次考试都是全班第一。老师每次在班上列举表扬的例子，他都是名列其中。然而一次外语考试，他却从以往的第一名掉到了第十名，从此，他变得沉默寡言，也很少再主动提出搞一些文娱活动。后来经医院诊断，他患了严重的精神忧郁症。

由于学习成绩一向特别出色，致使小浩产生了心理上的优越感和成就感，而学习成绩的突然下降，使他在心理上接受不了，产生了挫败感和自卑感，从而沉默寡言、孤独封闭、郁郁寡欢，患了忧郁症。

每个人都会在一定生活情形下体会到焦虑与恐惧等心理体验。但是，对一些人来说，焦虑成了一个问题，干扰了他们处理日常生活与学习的能力，使他们失去了享受生活与学习的乐趣。学习焦虑是学生常见的学习心理问题，需要引起同学们的高度重视。学习焦虑基本包括两种情况：一种是焦虑度过高，一种是焦虑度偏低。一般，当我们提到学习焦虑时，更多的是指焦虑度过高这种情况。

导致焦虑水平异常的原因大体可分为外部因素和内部因素两类。外部因素来自于社会、学校、家庭。比如学生面临升学、就业的激烈竞争，社会、学校、家庭存在一种“以学业成败论英雄”的价值导向，学习的重负对大部分学生的自信心和价值感构成严重的威胁，一旦学生在学习中遇到挫折和失败，即可能产生焦虑度过高的现象。但是，对于学习焦虑起根本作用的，还是内部因素。导致学生学习焦虑异常的内部性因素主要包括某些具有不良影响的成就动机，心理定势，情绪、情感，气质类型和学习成败的归因分析，等等。

无论是外部因素，还是内部因素，或是它们内部之间的各种因素，对焦虑异常的学生，都是交互发生作用的，形成一种恶性循环，使这些学生的心理承受过量。

对于一个学生来说，适当的焦虑是正常而且必需的，它可以转化为学习的动力，让你学得更主动、更有目标。但过度的焦虑则会制约学习，成为前进路上的绊脚石。那么，怎样才能克服学习焦虑症呢？

第一，增强自信心

自信是成功的基石，自信的有效方法是积极的心理暗示。它可调节人的情绪和行为，对学习焦虑、考试焦虑有显著作用。

第二，合理设定学习目标

学习的目标不一定是非得第一。只要自己每天都学到新的知识，超越了以前的自己，那么自己就是进步的。目标是应该有的，但不应该总放在心上，它是在正前方指导我们前进的。目标是动力而不应该是压力。

第三，掌握科学的学习方法

首先要合理安排时间。每天的零碎时间可以计划一下，列成表格，有针对性地解决一两个问题，切忌东翻翻西摸摸，处于无序状态。其次，追求高效率的听课效果。在听课时，需要纠正两个误区：(1) 某个环节听不懂或者自以为很懂了，嫌弃老师讲得不好或者讲得太仔细、太啰唆，干脆不听，认为反正课后可问同学或者自学也行。殊不知，这样做极大地浪费了宝贵的学习时间。(2) 因为老师批评过你或者觉得该老师上课的风格不合自己的胃口，就主观上排斥该老师的课。

第四，正确对待考试焦虑

考试焦虑通常表现为考试期间吃不好、睡不好、考场上发挥欠佳等。

对策一：平时认真学习，“不打无准备之仗”，考前进行系统复习，增强自信心。

对策二：正确认识考试。考试不是人生的唯一，以平常心去对待。

对策三：熟悉考试及考场周围环境。这样便于放松心情，易进入状态。

第五，注意劳逸结合

休息是为了更好地学习，因此一定要保证充足的睡眠，不要开夜车。要注意调节，学会适当放松，适当锻炼。

另外，平常我们还可以用一些放松技巧来放松自己的心情。常用的方法有：

（1）深呼吸法。有节奏地连续几次深呼吸，有助于平静心态。

（2）想象一些平静祥和的美丽画面。比如：蓝蓝的天空飘着几朵白云，阳光温和而不刺眼；平静的大海，湛蓝湛蓝的海面在微风吹拂下荡起细细的波纹；在一望无际的大沙漠中，自己骑着骆驼一步一步向前走，驼铃发出“当当”的响声。

（3）放眼向窗外望去，能看多远看多远，尤其是多看一些绿色的树木。

其实，缓解和消除学习和考试焦虑的方法有很多，大家可以多多总结，选出适合自己的运用于实际学习中，使其为我所用，收到实际效果。

3. 自　卑

独生子小舟是个居住环境优越、家庭经济富裕的孩子，家长非常重视对小舟的培养和教育，期望他早成才。

在小学表现不错的小舟，自升入某初中后，很快出现了情绪低落，沉默寡言，精神萎靡；在学习中焦急忧虑，神志恍惚，坐立不安；对待人生消极自卑，行为懒散，产生了自暴自弃的心理状态。

这些都严重影响了他的成长和发展，为何会出现这种情况呢?

小舟进入初中后，面对的教学环境变了，老师的教法变了，学科多了，内容抽象了。但他还是用小学的学习方法和学习能力学习，依赖于爷爷奶奶的辅导，因而导致了学习适应不良。加之认为自己天生愚笨，便产生了自卑心理。

自信心是人们从事一切活动获取成功所必需的前提。法国作家莫泊桑有一句名言：“人是生活在希望中的。”从心理学来说，希望是人类的一种心理活动。人们总是企求希望转化为现实，而促进这种转化的首要条件就是“自信”！自信表现为一种自我肯定、自我鼓励、自我强化，坚信自己一定能成功的情绪素养。没有自信，也就没有了探索拼搏的勇气和力量。从这个意义上说，没有信心也就没有了希望，“哀莫大于心死”说的就是这个道理。

美国布鲁金斯学会创建于1927年，以培养世界上最杰出的推销员著称于世。它有一个传统，在学期结束时，总会设计一道最能体现推销员能力的实习题，让学生去完成。克林顿当政期间，他们的题目是：请把一条三角裤推销给现任总统。一批批学员绞尽脑汁，个个都无功而返。这次，布鲁金斯学会把题目换成：请把一把斧子推销给小布什总统。结果又难倒了大批学员，有人甚至认为这道题仍像上次一样毫无结果，因为堂堂总统是不会稀罕一件小斧头的。2001年5月20日，一位名叫乔治·赫伯特的推销员却成功地完成了任务。布鲁金斯学会把刻有“最伟大的推销员”的一只金靴子奖予了他。后来记者得知，是寄给总统的一封热情恳切的信促成了这桩了不起的生意。该学会的网页上的一句格言值得我们关注：“不是因为有些事情难以做到，我们才需要自信；而是因为我们失去了自信，有些事情才显得难以做到。”

纵观古今中外的成功人士，无不具有自信的品质。周公瑾不自信，怎会有赤壁大捷；康熙皇帝不自信，北京城恐怕几易其主了；罗斯福不自信，又怎能连任四届总统；毛泽东不自信，又怎会带领国人缔造一个伟大的中华人民共和国！毋庸置疑，自信是最熠熠发光的成功的试金石。

学习的自信心能积极地开发潜能，使人面对学习困难无所畏惧，是考试取得佳绩的强大内因，所以学习自信心对学习非常重要。但是很多学生学习上没有自信心，情绪自卑低迷，这严重影响了学习的热情和主动性。学习基础差、过低的自我评价、别人的讽刺挖苦、过高的期望目标、盲目的与他人对比等，都是导致学生缺乏学习自信心的主要原因。我们在日常学习生活中，如何克服自卑，增强自信呢？

第一，每天照三遍镜子

清晨走出宿舍之前，对着镜子修饰仪表，整理着装，务必使自己的外表处于最佳状态。午饭后，再照一遍镜子，修饰一下自己，保持整洁。晚上就寝前洗脸时再照照镜子。消除对自己的仪表的不必要的担心，更有利于你将注意力集中到工作、学习上。

第二，要学会微笑

人在充满信心时往往春风满面，面带笑容，而人在丧失信心时往往愁眉苦脸、无精打采。笑是使人充满信心的表现，是人内心快乐的外部表现，笑和人的信心体验是一致的，和人的自信心相互促进。因此，建议学生学会微笑，经常微笑。学会发自内心的微笑，信心就会在心中滋长起来，还建议学生每天对着镜子开心地笑几次。

第三，运用积极自我暗示

学生在学习遇到困难时，不要心虚、急躁，想想其他同学也会遇到同样的困难，这就是积极自我暗示的方法。

每天都说“我能行”。心理学研究发现，自我暗示的力量是巨大的。如果我们暗示自己“我能行”，我们就会逐渐变得更有能力，如果我们告诉自己“我不行”，我们就会变得越来越笨。增强自信的办法之一就是采用积极暗示的方法，在心里告诉自己“我能行”“我能成功”等，你就会越来越有信心。

第四，增强学习实力

学生信心是建立在学习实力基础上的，只有学习有实力，才会有信心。因此，学生要根据自己的情况建立知识的网络体系，查漏补缺，确实把自己的学习实力增强一步，提高一步，有利于学生信心的增强。

第五，循序渐进，让自己体验成功

体验成功的诀窍就是为自己确立小的奋斗目标。比如上课专心听讲，按时完成作业，定时复习功课，等等。当每一个小目标完成时，都要奖励自己，如看一会儿电视，听一段优美的音乐，吃一个苹果，买一本向往已久的书，等等。这样，通过一个又一个小目标的实现，就会越来越接近成功。小目标的制订可以让自己明显地感觉到进步，更容易体会成功，同时也增强了自信心。

第六，积极参加集体活动，不怕失败，自觉磨炼

信心不足的学生应多参加各种集体活动，一定要注意克服怯懦、优柔寡断等不良意志品质，培养意志的果断性、自制性和坚韧性。特别要鼓起勇气，大胆参加班级活动，进而参加学校组织的各项活动。在集体活动中见贤思齐，虚心向别人学习，开动脑筋，集思广益。不怕犯错误，犯了错误立即纠正。坚持经受集体活动的锻炼和经受失败的磨炼，可以使我们开阔眼界，增长才干，丰富人生阅历，增添成就感，提高耐挫力，激发和巩固自信心。

4. 马　虎

事例一：

阳阳是个很聪明的孩子，就是做事很粗心。他的妈妈经常这样总结："每次考试完，我都会检查他的验草纸，检查完我就很高兴，因为得数都算对了，我心想，这次肯定会考得不错。但是，当试卷发下来时，常常会出现一些莫名其妙的错误，验草纸上的数字明明是'0'，但是，他抄在试卷上的却是'6'。问他原因时，他还会委屈地说抄的时候看错了。不仅仅是在考试中，平时做作业他也经常出现这种情况。"

事例二：

一位小学老师忧心地说道："其实，这些题孩子们都会做，就是马虎，不是落个小数点，就是把符号看错。真不知道用什么办法才能让他们变得细心起来。"

马虎的情况在学生中较普遍，可以说“马虎”是学生学习中的常见病，它不是学习成绩较差的学生的“专利”，在学习成绩较好的学生身上也普遍存在。“马虎”是学习的大敌，它使得学生在作业、考试时会的问题答不正确，会的知识得不了分，导致智商并不低的孩子成绩总是上不去，如此下去，极可能出现因为一分而失去中考、高考取胜的机会。而且马虎还可能迁涉学习以外的其他方面，影响到学生以后的工作、生活。所以，要引起我们的足够重视。

学生马虎毛病的形成，一般有三个基本原因：一是年幼时的马虎现象没有及时纠正，形成定势；二是责任心不强，应付的成分太多，缺乏真正的责任意识；三是功课太多、作业太多，不快做做不完，于是忙忙叨叨，丢三落四，错误迭出。

解决马虎问题必须对症下药，根据产生马虎的原因，有针对性地做工作：

避免马虎，首先要培养责任心。一个人没有责任心，做事就会敷衍潦草，必然容易出错。有些学生，作业字迹潦草，错别字连篇，划拉划拉就完了，久而久之，就养成了一个不严谨、不踏实的学习习惯。这个习惯一养成，就会处处丢三落四，而自己还察觉不到自己的差错，就是因为马虎的坏习惯已经减弱了自身观察力。

其次，要培养自己的自制能力。做事之前要“三思而后行”，不论事大事小，都要认真对待，用心琢磨，养成严谨的作风，力争把每一件事情都做好。学习中也一样，“学而不思则罔”。学习时多加思考，就会使学到的知识准确、全面、深刻。

第三，养成认真检查的习惯，当你做完作业或答完卷子的时候，要在心里反复提醒自己，一定要认真地检查每一道题，一定不要再发生错误，眼睛要仔仔细细地看，精神要全部集中，一定把作业做对，把卷子答好，这样反复告诫自己，提醒自己，就能慢慢养成耐心细致的习惯，克服马虎毛病。

第四，当自己每犯一次马虎错误，就给自己一次惩罚，或是把毛病的原因用笔记下来，平时多看几遍，或是警告自己，并在心里默念："别人都不马虎，为什么我马虎呢？并不是自己不会，连自己会的都要错，那么还能有什么作为呢？一个不认真、不负责任的人是成就不了大事业的，我一定要克服它，让我学习、生活得更好，我一定能成功。马虎并不是我的专利，它控制不了我，我一定能战胜它。"

第五，准备一个错题本。把每次作业中的错题总结在"错题集"上，找出错误的原因，把正确的答案写出。这实际上是一个错误"档案"。学生分析错误的原因多是马虎，这种方法有利于帮助我们认识马虎出错的危害，促使我们下决心改正。错题集是自我教育的好办法。

第六，在日常生活中，从小事做起，认认真真地对待每一件事、每一天，力争把每一件事情都做好。例如，写正楷字、画工笔画、缝衣服扣子、淘米、挑沙子、择洗蔬菜、计算水电费、动脑筋游戏，等等。有目的地去选这类事情干，经常训练，就会越来越细心。

生活、学习都整齐有序地进行，粗心大意、马马虎虎当然也就是少有的现象了。

5. 走　神

事例一：

著名科学家牛顿特别专注于目标，他一生中的绝大部分时间是在实验室度过的。每次做实验时，牛顿总是通宵达旦，注意力非常集中，有时一连几个星期都在实验室工作，直到把实验做完为止。

据说，牛顿有一次在做实验时，一位朋友来看他。等了好半天，他也没有出来。这位朋友饿了，便把牛顿作为午餐的烧鸡吃掉，将骨头留在盘子里走了。过了好长时间，牛顿从实验室里出来吃饭，看到了盘子里的鸡骨头，不禁笑道："我以为我还没吃饭，原来已经吃过了。"

牛顿的这些轶事体现了他高度的专注于目标的精神，正是这种精神让他在科学领域取得了丰硕的成果。牛顿说："如果说我对世界有些微小贡献的话，那不是由于别的，都只是由于我对工作的专注以及辛勤耐久的思索所致。"

事例二：

法国昆虫学家法布尔用毕生精力对昆虫世界进行研究，鲁迅称他是在科学上"肯下功夫"的人。一次，他在路上行走时，突然发现许多蚂蚁正在齐心协力地搬运几只死苍蝇。他觉得这是观察、研究蚂蚁生活习性的极好机会，便不顾潮湿肮脏趴在地上，用放大镜专心致志地一口气观察了四个小时，手脚都麻木了，他却一点也不觉得。还有，为了观察雄蛾如何向雌蛾求偶，他竟用了三年时间。

法布尔根据自己对400多种昆虫的猎食、营巢、生育、抚幼、搏斗等现象的研究，写了10卷巨著《昆虫记》，揭示了昆虫世界的种种奥秘。可以说，法布尔的成功与他保持注意力的高度集中和长时间的稳定是分不开的。

注意力是人的心理活动对外界一定事物的指向和集中。它有两层含义：一是指在学习或做某件事情时，注意力的高度集中，不三心二意；二是指在长期的学习生涯中，注意力的指向始终如一，一心向学，并且有所侧重。激光之所以能切断钢板，太阳灶之所以能煮熟牛肉，都是聚集的结果。

心理学研究发现，人的注意力是很难长时间集中的，“走神”其实是正常的心理现象。人的注意力会受外界环境的干扰而走神，会因为内心的情绪波动而被干扰，这都是普通人的心理。教学上通常每节课只安排40或45分钟，就是这个道理。

当然有的人学习时注意力可以在一定时间内高度集中，甚至可以在闹市学习，但这样的人之所以注意力集中，一是因为他们对学习的内容非常感兴趣，二是因为他们有宁静的心灵，也就是说，这样的人的内心是自我和谐的，并没有那么多心理冲突。

注意力的集中作为一种特殊的素质和能力，需要通过训练来获得。那么，训练自己注意力、提高自己专心致志素质的方法有哪些呢？

方法一：运用积极目标的力量

要在训练中完成这个进步。要有一个目标，就是“从现在开始，我比过去善于集中注意力”。不论做任何事情，一旦进入，能够迅速地不受干扰。这是非常重要的。比如，你今天如果对自己有这个要求，“我要在注意力高度集中的情况下，将这一讲的内容基本上一次都记忆下来。”你的注意力本身就会高度集中，你就会排除干扰。

方法二：培养对学习的兴趣

一个人要想做到学习时注意力集中，除了目标明确、意志力强之外，还要有对学习任务的兴趣。兴趣是最好的老师，对所学科目持积极态度，这是注意力高度集中的最重要因素。培养兴趣的方法很多，这里提供一个最普通的建议，那就是应用。孔子说：“学而时习之，不亦乐乎？”学生可以在此基础上，改一个字：“学而时用之，不亦乐乎？”经常将学到的知识用于生活实践，会让自己对知识充满了好奇和兴趣。比如生活中的现实问题，如何用数学模型来研究，红绿灯问题可以用二元一次方程，抛石块问题可以用一元二次方程来表示等。

方法三：认识上课的重要性并适应老师的讲课方式

因为每堂课的内容都有它的重要性和意义，都有一部分新的知识要我们去掌握，而且，老师常常会讲些书本以外的知识，有经验的教师还能教给学生怎样去学习知识和发展自己的能力。

听课做到专心有一个技巧，就是养成提问的习惯，可以利用机会向老师提问，也可以在笔记本上记录有关问题，课后解决。另外，笔记的应用也非常重要。一边听课，一边将老师讲到的要点、重点和难点，及时记录在笔记本上，这非常有助于你跟随老师的进度，防止走神。

方法四：对感官的全部训练

瑞士洛桑精神病医院中心研究所设计了一套仅用一两分钟即可做完的视觉和听觉配合训练方法，对训练注意力集中十分有效。具体做法：

闭目凝神，凭想象在空中描绘出一个点来。此刻心中唯存这个点，而无任何声响出现。慢慢将这个点延伸为一条直线，再将直线拉长，然后描绘出较为复杂的星形或涡形，并且每天将图形复杂化。应特别注意，在凝想时尽量避免受到外在声音的干扰。久而久之，视觉和听觉即可配合自如。

我们在训练时，也可以把钟表声想成雨水滴在心灵湖泊上的声音，每滴一滴，湖泊上便溅起一丝涟漪。一边听，一边想，一边数着雨滴数量，1、2、3……当数到100次的时候，便睁开眼结束今天的训练。这时，你会感到心情异常平静，注意力也集中了很多。

方法五：注重劳逸结合

注意力和睡眠、休息有着十分密切的关系。同学们在学习和生活中，要注意做到劳逸结合。其中，睡眠是必须要保证的。对于中小学生来说，每天不能少于7小时的睡眠，那种一味压缩睡眠时间，延长学习时间的做法，即使在考试前夕也是非常不可取的，既不利于学习效率和效果，也会对身体产生不好的影响。

另外，在学习了较长一段时间后，当我们感到大脑有点僵化，不能很好地思考问题或不能集中注意力的时候，可以暂时停止学习，让大脑得到片刻休息。站起来，走动一下，喝杯水，跟他人交谈几句，或是坐在一张舒适的椅子里，看一些轻松的读物，呼吸一些新鲜空气，让你的大脑在轻松有趣的状态中得到休养和恢复。

以上我们介绍了各种集中注意力的办法，但光有办法还不行，还要有毅力。坚持不懈加强注意力高度集中的训练，这样才能真正融入自主学习中，提高学习的效率，这也是集中注意力的要诀。

6. 懒　惰

一年级的明明懒出了名，作业总是拖拖拉拉、偷工减料，每次劳动就想方设法偷懒，不愿动弹。老师拿他没办法，批评、鼓励都没用，急得老师忍不住直皱眉头：他还能变勤快吗？

懒惰，是一种心理上的厌倦情绪。它的表现形式是多种多样的，包括极端的懒散状态和轻微的懒惰。生气、羞怯、嫉妒等都会引起懒惰，使人无法按照自己的愿望进行活动。懒惰的害处可大了，它会使人精神不振，学习落后；会使人害怕困难，每天得过且过；而且，懒惰的人还会被人瞧不起。

懒惰是成功的绊脚石，在充满困难与挫折的人生道路上，懒惰的人习惯于等、靠、要，从来不想去求知、发明、拼搏、创造，最终只能是一事无成。许多成功人士的成功经验证明，要想有成就，必须要勤奋。

在古代，孟轲刚上学的时候很用心，写字一笔一画都很工整。不久，他觉得学习太辛苦，不如在外面玩耍快活。于是，他逃学了，常到山坡上、树林里去玩。

一天，他回到家里，正在织布的妈妈问他："怎么这么早就放学了?”他只好承认逃学了。妈妈生气地说:“我辛辛苦苦织布供你读书,你却逃学,太没出息了!”小孟轲连忙给妈妈跪下。妈妈拿起剪刀,一下子把没织完的布剪断了,生气地说:“你不好好读书,就像这剪断的布,还有什么用处!”小孟轲哭着说:“我错了!今后再也不贪玩了。我一定好好读书!”从此,小孟轲勤奋学习,再不偷懒。后来,他成了一位著名的大思想家。

孟轲能成为中国历史上著名的思想家,不仅仅是因为他聪明,更重要的是他持之以恒、勤学苦练的结果。

有一次,一家中国报社的记者采访诺贝尔奖获得者丁肇中教授。记者问:“美国在大学里读4年,在研究生院要读5至6年才能取得博士学位,据说您总共只用了5年左右的时间,是吗?”丁肇中答:“确实是这样。在逆境中读书就得用功。”

记者又问道:“那您取得成功的秘诀是什么?”丁肇中说:“成功的秘诀只有三个字:勤、智、趣。”这里的“勤”指的就是勤奋。丁肇中认为,获得成功的第一个秘诀就是勤奋。中学时代的丁肇中就是一个以勤奋学习而出名的学生。读大学后,无论是在哪里,他都以勤奋而闻名。

丁肇中选择与勤奋在一起,也决定了他与成功在一起。

俄国化学家门捷列夫曾说:“没有加倍的勤奋,就既没有才能,也没有天才。”我们都知道,时间对于每一个人都是平等的,可是,在有限的时间里,怎样去对待时间,时间贡献的效益可就大相径庭了。

鲁迅先生认为天才就是勤奋,他自己的成功,不过是把别人喝咖啡的时间用在了学习和工作上罢了。他对自己的时间极其吝惜，一分一秒都不愿白白流逝。他把时间比作海绵里的水，总是尽力去挤。

一个懂得珍惜时间、勤奋努力的学生，他的学习不需要老师和家长催促，他会主动自发地完成，并且会完成得很出色。不仅如此，一个勤奋的学生，他在生活中各个方面的表现都会很优秀，他总是勇于去挑战自己，去尝试着做些什么。这样一来，他对学习的兴趣就会多一些，成功的几率就会多于其他的人。这就是勤奋的人和懒惰的人的区别。

为了克服懒惰，使自己成为一个勤奋的人，我们应该做些什么呢？

第一，合理安排时间

学习懒惰常常与生活散漫分不开。养成有规律的生活节奏是矫治懒惰习性的第一步。日常生活井然有序的人，做事就不会拖拖拉拉、疲疲沓沓。

第二，激发学习兴趣

兴趣是勤奋的动力，一个人对某项事物产生了兴趣，便会积极主动地投入，消除怠惰。

第三，寻找榜样

找一个学习勤奋、做事勤劳的同学作为自己的榜样，并请这位同学多帮助和监督自己。

第四，培养勤奋作风

学习懒惰是一种不良的行为习惯，也反映了一个人对生活对学习的一种态度和观念。勤奋可以改进自己的学业，勤奋可以使人事业成功、生活幸福。勤奋的人比懒惰的人有更多的人生乐趣。家长要从小培养孩子勤奋的作风。

第五，加强体育锻炼

有些学生学习懒惰是因为身体虚弱或疾病，致使身体容易疲乏，学习难以持久。要鼓励其多多参加体育活动，改善营养或积极治疗，以增强体质。

第六，保持乐观情绪

遇到挫折时，生气是无能的表现。正确的做法应该是冷静地查找问题出在哪里，或是自我解脱，或是与别人商量，哪怕争论一番，对扫除障碍都有益处。这个过程带来的喜悦能使我们更加好学。

所谓“冰冻三尺，非一日之寒”，所以，学习中的懒惰行为不是一朝一夕就能改变的，我们要时常提醒自己，做到持之以恒，这样才能改正学习懒惰的行为。

7. 拖　拉

事例一：

小雯学习还不错，但就是做作业时很磨蹭。本来30分钟可以完成的作业，竟要磨蹭一个晚上，有时都12点多了还在做作业。更要命的是，这还是在家长陪伴的情况下，如果妈妈不在旁边看着她，估计一晚上她都写不完作业。小雯妈妈常常抱怨：“这孩子做作业时，才写了两个字就开始抠橡皮、玩彩笔，一小时都写不了10

个字。”

事例二：

小雯的妈妈正在为小雯做事没有效率而着急。本来正在吃饭，忽然窗前有小鸟飞过，小雯就会放下饭碗去看个究竟；本来要去刷牙，可是当小雯走到浴室里发现有一池水，她就开始玩了起来，刷牙当然就放在一边了……这小家伙做任何事情都这样，边做边玩，慢慢吞吞，耽误了妈妈好多时间。

磨蹭是学生在学习和生活中常见的坏毛病，总是把今天该完成的事情拖到明天。这种坏毛病容易使学生学习无计划、做事拖拉、丧失进取心。磨蹭拖拉是许多人的一大忌讳，一旦这种情况成为日常习惯，生命就会在虚空中一天天过去。因此，我们学习应该像张海迪那样，今日事今日毕。

张海迪在5岁的时候，患脊髓血管瘤，造成高位截瘫，成了一个残疾儿童。当时，她家住的是一座刷着红漆的三层小楼，每当她在窗口，看着那些上学小孩的身影，心中就无比羡慕，因为她也想去学校读书。

妈妈在了解张海迪如此热爱学习以后，于是决定，说什么也要满足她的心愿。不能去上学，家里请不起老师，爸爸妈妈就在下班后亲自教她。

张海迪很高兴，也特别爱学习，但手术造成的肋间神经痛时时折磨着她。有时，她实在感到疼痛或疲倦，连作业都无力完成，就对妈妈说：“这些作业我明天再做行吗？”妈妈却郑重地对她说：“今日事今日毕！”听了妈妈的话，张海迪明白，学习是自己的事，绝不能拖拉，就在心里告诉自己："我要像在学校读书的孩子一样，每天完成作业！"于是，她每天都定下计划，不完成当天的计划不睡觉，绝不把今天的事拖到明天做。

就这样，没有机会走进校门的张海迪靠奋发努力，学完了小学、中学的全部课程，还自学了英语、日语、德语等，并攻读了大学本科和硕士研究生的课程。在学习的同时，她还从事文学创作，先后翻译了《海边诊所》等数十万字的英语小说，还编著了《向天空敞开的窗口》《生命的追问》《轮椅上的梦》等书。

每个人都知道光阴的可贵，有首词"莫等闲，白了少年头，空悲切"，就是警惕我们不要拖延，如果一拖再拖，永远没有实现的一天。

造成学生学习磨蹭，通常有这几种情况：一种是学习兴趣低落，硬着头皮应付，疲沓无奈，能拖就拖，缺乏自信，不负责任；第二种是"慢性子"，行动迟缓，慢条斯理，紧张不起来，任你着急催促，依然故我；第三种是缺乏时间观念、效率观念，不知道时间对人生的重要意义。因此，矫治磨蹭要分别不同情况，对症下药。第一种情况要在激发学习兴趣、增强自信、提高责任心上下工夫；第二、三种情况要在专时专用、提高学习效率上努力。那么，如何通过训练，从而戒掉这个坏毛病呢？

第一，增强竞争意识，加强时间观念

现代社会，生活节奏日益加快，虽然学生还没有接触社会的经历，但已经感受到紧张气息。总有一天，学生要长大，一个做事没有效率的人是无法在竞争激烈的社会中立足的。因此，从小训练时间观念和竞争意识是很有必要的。

第二，加强专时专用、提高效率的训练

帮助孩子确定每次学习的时间、任务、目标要求，到时完成，评价结果。每次学习，都把三者结合起来。要根据孩子的年龄特点和个性特点，三者的要求有所区别。要让孩子尝到提高效率、增加玩乐时间的甜头。

第三，增加计时性活动

喜欢磨蹭的学生，不光在学习中表现出来，也反映在生活的各个方面，如穿衣、吃饭、收拾书包文具、洗衣物等。因此，克服磨蹭毛病，需从不同角度入手。从实际表现出发，增加计时性活动是可行的方法。做某件事情，需要多长时间，事先设定，然后以最快速度保质保量地进行。事后要作出总结，以便下次做得更好。对低龄的学生，如果家长跟孩子一起进行计时阅读、计时记忆、计时答题、计时劳动的小竞赛，会有更好的效果。

磨磨蹭蹭一旦形成习惯，补救非常困难。并且，学习上磨磨蹭蹭的坏习惯会迁延到生活、交往等多方面，会引起一系列后果。因此，我们要从点滴小事做起，提高做事效率，逐渐克服磨蹭的坏毛病。

8. 痴迷网络

我们先看一组网瘾现象：

事例一：

15岁的王军（化名）已有4年的“网瘾”，经常几天几夜不吃不喝地玩游戏。4年来，他花在网络游戏上的钱近20万元。每次他向父母要钱，不给就揪着父母的头发打，甚至用刀砍伤父亲。现在，父母只好在外面租房子住。

事例二：

两年“网瘾”的孙鹏（化名）13岁迷上了《梦幻西游》，整日整夜地“泡”在网吧里。去年春节前，他私自拿了2000元离家出走，在外地网吧过了一个星期，钱花得所剩无几的时候才回家。

事例三：

江苏省某市一位14岁的花季少女，因沉溺于网络游戏偷同学的钱被老师批评，心理扭曲的她于是仇恨老师，疯狂报复，用菜刀将老师活活砍死。

事例四：

天津市塘沽区13岁男孩张潇艺，因沉迷网络游戏不能自拔，从24层高的楼顶跳楼自尽，永远地离开了人世……

据中国青少年网络协会提供的数据，目前，城市上网小学生比例为25.8%，初中生为30%，高中生为56%。据统计，患网络成瘾的青少年网民高达10%~15%，网络这把“双刃剑”正在无情地吞噬着青少年的身心健康。青少年由于特殊的人格特征和心理需求，从而成为网络成瘾的高发人群，越来越多的青少年对互联网产生依赖感，并达到成瘾的程度。

对于青少年朋友来讲，尽管网络有许许多多的优点，但是它又像一把双刃剑，使用不当可能就会对青少年的身心健康产生不利的影响。网瘾会导致青少年学生缺乏睡眠和体育锻炼，学习成绩下降，与朋友关系恶化，不参加团体活动等。患有“网瘾”的学生一旦成绩急剧下降，往往很容易逃学、退学甚至离家出走；如果流落到社会上，其命运更加难以预料。

网络是虚拟的，在互联网上人们无须付出责任。网恋在青少年中已不再是稀奇的事，他们通过网上的几次聊天就可以见面，随之进入“恋爱”状态。在许多年轻的网络一族里，他们并没有为爱情负责任的态度，其道德感、责任感正在慢慢淡化。

心理医生说，并非所有的人上网都会成瘾。上网往往与自身的某些心理原因有关，上网促成有心理障碍的人，主要是这几类人：性格内向，不善交友并希望得到重视，但又十分孤独的人；生活中受到某些挫折的人；不和谐家庭中的孩子；没有特长、学习成绩不突出、心情压抑，因环境变化导致成绩下降又难以适应的青少年学生最易上瘾，因为他们在现实生活中感觉到的不是成功，而是挫折和失败，所以就希望在网上得到安慰。

如今，电脑已走进了千家万户，如何让网络真正给我们的学习和生活带来帮助，而不是沉迷于网络，不可自拔，那么我们就必须要做到下面几点。

第一，为自己约法三章

一是控制上网时间。每周最多2～3次，每次上网的时间一般不超过2小时，且连续操作1小时后应休息15分钟。尤其是夜晚上网时间不能过长，就寝前一定要提前回到宿舍，按时睡觉。二是限制上网内容。每次上网前，一定先明确上网的任务和目标，把要完成的具体任务和内容列在纸上，按需点击，不迷恋网上游戏，坚决不上黄色网站。三是准时下网。上网之前，根据任务量限定上网时间，时间一到，马上下网，不找任何借口，不原谅自己，不宽容自己。

第二，警惕网络危险

根据已有的教训，网络可能对意志薄弱的中小学生产生的主要危险有：色情网站，暴力和赌博性网站，虚拟游戏网络等。各种网上的行骗诱拐，很多青少年整天沉迷于这虚无缥缈的网络世界，从而形成了焦虑、失眠、强迫症和社交恐惧等症状。那么我们在上网前对网络的这些潜在危险要有个清醒的认识，在上网过程中随时提醒自己，自觉远离有害的网络。

第三，请人监督

寻求别人的支持和帮助非常必要，最好的办法是找到一个人帮助你克服这个问题。这种支持可来自同学、老师、朋友和家庭，可先向他们讲明自己控制上网的计划，请他们监督；当“网瘾”出现时，请他们及时提示，帮助克服。平时的活动，要多与学习好的同学在一起，与他们一起上课，一起自习，一起交流，在他们的带动和帮助下，有助于你淡化网瘾，把精力集中到学习上。当你取得一点小成功时，比如已经按计划实行一周，不妨对自己进行奖励或暗示，学会为自己加油。

第四，参加户外拓展活动

在户外活动游戏的互动性中，学习与他人合作、沟通、交流，使自己走出网络社交圈，走出自我封闭。通过户外拓展活动训练，锻炼身体，接触大自然。在一系列的军训、踏青活动中，使自己勇敢坚强，在学习中认识并热爱大自然。呼吸大自然的新鲜空气，远离城市，远离网吧的污浊空气。

第五，寻求专业人员的帮助

当你自己无法解决上网成瘾问题时，一定要积极主动地寻求专业人员的帮助。一是可以找心理咨询师进行个体咨询，心理咨询老师会帮助你走出上网成瘾的困惑。二是可以参加团体心理训练。团体训练是多种咨询理论的综合利用，通过丰富多彩的群体互动活动，对你产生感染、促进和推动作用，帮助你改变认知，改变心态，获得心理上的提升，同时学会制定自我管理的行为契约，根据目标行为完成与否进行正强化或负强化。参加团体心理训练对于预防或戒除网瘾会有显著的效果。

网瘾带来的危害已经超过毒瘾所带来的危害，因为它主要危害的是青少年。青少年是祖国明天的希望！远离网瘾，刻不容缓！

9. 爱看电视

事例一：

小立妈妈下班回家，看见小立正坐在沙发上看电视，没有学习。她气不打一处来，上前就把电视机关了。小立全神贯注看得入了神，眼前白光闪过，没了声影，就从沙发上跳了起来，抢上前去，又把电视机打开了。他不眨眼睛地盯着电视机屏幕，身子往沙发里倒退着，脸上的表情随剧情变化着，丝毫没有注意妈妈愤怒的表情。“我对你说了多少次了，放学回来先写作业，你就知道看电视！”妈妈一下又把电视机关上了。“干什么？”小立又一次跳起来，打开电视机。妈妈提高嗓门：“关了！我说你呢！你听见没有？”小立不理。妈妈急了，走过来“砰”地把电视机关了。小立一个箭步冲过去，把妈妈推倒在地……

事例二：

佳佳今年13岁，平时就是个电视迷，每周周末从学校回家，就会熟练地拿着遥控器，趁妈妈做饭之际，看上一个半小时电视。晚饭后，通常还会看上一段时间卡通片才肯在妈妈的督促下洗澡睡觉。如果恰巧这一天爸爸妈妈没有时间带她出门，那么电视就几乎要从早开到午睡之前。

事例中的现象是不是在我们身上也时有发生呢？电视在我国已经普及，无论对成年人还是对青少年，电视的影响是不可否认的，包括好的和坏的，特别是对青少年的影响更令人关注。适当地看电视可以增长我们的知识、提高我们的想象力、了解一些国家大事，等等。但是，如果长时间地看电视，沉迷于电视，它所带来的危害也是巨大的。

危害一：影响视力，损伤眼睛

研究表明，如果青少年持续看 5 个小时左右的电视，那么视力可能暂时减退 30%。如果青少年的视力受损，那么，对他将来的学习将会造成不可弥补的损失。

危害二：影响食欲，伤及肠胃

看电视时间如果太长，会影响人的食欲，同时还会影响肠胃的消化吸收。吃饭时，全身的血液都集中在肠胃消化系统，这时看电视，会使大量的血液流向大脑——这就会因肠胃部位血流量减少而使肠胃消化功能降低，甚至引起慢性胃肠疾病。

危害三：影响情绪，危及社交

英国一家健康研究中心发现：每天看电视超过 3 小时可患电视综合征。

心理专家认为，长时间沉迷于电视会使人与人之间的交流减少，电视看得越多，与人交流就越少，就越不会与人交流，不知道和别人说什么、怎么说。时间长了就可能不会表达自己、不能体察人情世故，从而陷入一种“社交笨拙”，甚至陷入恶性循环，把自己逐渐封闭起来。长此以往，孤独感、压抑感、焦虑感就会多起来。

研究表明，少儿的心灵幼弱，缺乏明辨是非的能力，电视中出现的暴力镜头、虚幻片中的鬼灵、言情剧中的亲热镜头，等等，令他们无所适从。孩子成长到 18 岁时，就能从电视上看到 20 万起暴力行为，儿童受到的影响可想而知。而少年儿童一旦被有趣的内容吸引后，注意力就不易转移，难以自拔。由于不良电视剧的影响，中小学生中出现早恋、打架斗殴等现象与日俱增，青少年犯罪率也有所增长。

此外，越来越多的孩子对电视产生了依赖情绪，情况严重的孩子会出现时刻想看电视，一看就是几个小时；性格孤僻，不关心周围的人和事；仅喜欢模仿电视中人物的动作、语言，特别是爱模仿武打、凶杀、妖魔等，甚至出现自言自语、一会儿唱、一会儿哭等现象。

危害四：影响运动，反应迟钝

好动是孩子的天性，如果整天呆在电视机前，会减少孩子活动的兴趣和机会，影响他的身体健康。体育锻炼会促进孩子身体的生长发育，也会使孩子对外界充满敏锐的反应力，如果长期不活动，那么会使孩子的反应迟钝。

2005 年，来自新西兰的一项最新研究报告指出，儿童和青少年时期每天看电视的时间超过 2 小时，易染上一些不良生活习惯，增加吸烟、身体超重、高胆固醇血症等危险因素，影响成人后的健康。

研究人员对 1971 年～1973 年间出生在新西兰达尼丁的 1000 多名儿童进行了研究，定时随访直至 26 岁。他们对随访记录做了科学研究，结果显示：儿童和青少年每天看电视超过 2 小时，与 26 岁时体重指数和胆固醇升高、吸烟者增多、心血管健康状况差等健康问题显著相关，但与血压无关。研究人员对这些研究对象在儿童时期可能产生混淆的因素进行校正后，上述相关性并无改变。

在所有调查的26岁成人中，17%的吸烟、17%的身体超重、15%的血胆固醇升高、15%的健康状况差等，这都是由少儿时期每天看电视超过2小时而造成的。

无节制地看电视居然有这么多的危害，那么我们又该如何正确地看电视呢？

首先，控制看电视的时间。看电视的时间不能太长，特别是青少年，以1～2小时为宜。看电视时，眼睛要离电视机的距离不得少于2米，并有良好的坐姿。在观看过程中，要趁调换节目或放广告的间隙，闭上眼睛短暂休息，或向远处眺望一会儿，以免眼睛过度疲劳而影响视力。

为了保护视力，平时可多吃一些含维生素A的食物，如鸡蛋、猪肝等，或多吃些蔬菜和水果，如胡萝卜、橘子、豆芽等，对保护视力有一定的作用。

其次，丰富电视节目。青少年大多喜欢看动画片，但如果只看动画片，就削弱了电视的教育功能。因此，我们要多角度地选择电视节目，有意识地培养自己对科学有益的电视节目的兴趣，比如《动物世界》《探索发现》等，又比如《中华之最》以及各地风光片，可以开阔视野，了解各地的风土人情。或是中外名著，比如《红楼梦》《水浒传》《三国演义》《简·爱》等。

再次，边看边读，做到兴趣迁移。许多动画片或著作都是根据同名书改编的，或是电视播出后就会有同名书上市，那么我们可以把对电视节目的喜爱延伸到阅读上，从而培养自己的阅读兴趣。

最后，加强体育锻炼。常言道“生命在于运动”，从胎儿在母腹中的蠕动，襁褓期婴儿的手舞足蹈，到幼儿的活泼好动，都表明运动是人的生长发育的需要。人体的生长发育有赖于身体不停的新陈代谢。而体育锻炼能提高新陈代谢水平，从而促进生长发育。比如，人们去登山、打篮球后，消耗大量的热量，需要补充，食欲特别好，营养也容易消化、吸收，从而加强了人体新陈代谢作用。

10. 早　恋

中学生在经历了青春期的“生理大革命”后，伴随生理的性成熟，他们心理的性意识萌生。由于强烈的性好奇心和接触异性的欲望，男女中学生之间常常产生一种异常强烈的渴望与异性在一起的依依不舍之情，这就是中学生最初的爱情。然而年轻幼稚，各方面条件还不成熟，初恋表现出明显的幼稚性和冲动性。初恋给中学生带来的往往不是幸福和欢乐，而是痛苦和烦恼。

事例一：

小慧16岁那年离开父母到了卫校，开始独立生活。由于她初次在外生活，什么都不会，处处需要别人的照顾，这时，他出现了，温柔体贴，又不失男子汉的风度，两人的关系越来越好。

在一个晚上，他向小慧表白了，从此小慧的心就没平静过。整天胡思乱想，成绩越来越差，他很着急，让小慧定下心来，可小慧却无法控制自己。期末考试了，小慧万万没想到，她居然挂了两盏红灯笼。成绩一向很好的她落得如此地步，她后悔了。然而那颗少女的心却总是不能平静。一个寒假没过好，除了父母的责怪，还有自己内心的不安。新学期开始了，小慧打算抛开一切，认真学习，可没几天，与他的接触，又使她魂不守舍，没有心思学习了。

事例二：

“多年前，我与她是同班，她是班里气质最好的女生，文静中有几分成熟的美，她与我同桌，学习成绩也比我好，当我有不明白的问题，请教她时，她总是认真热情地解答，她的性格开朗，脸上总是挂着美丽的笑，她笑得很美，有时候，我会为她的笑容想入非非。也许是同桌，彼此交流得多了，也就产生了好感，于是，我主动地提出想与她交朋友。当时我们还是初中二年级的学生，‘爱情’过早地闯入了我们的生活中。我们开始了‘约会’，放学后，我们会躲到河边的柳阴下，开心地聊些不着边际的话题。这样的日子过了一段后，我们的交往被同学发现了，很快全校老师和家长也都知道了。我们都很害怕，在别人眼里，我们是坏孩子，甚至是‘下流’的人，其实，我们只是觉得在一起开心，没有什么事情发生，更不像别人想象的那样。

由于学校和家里的压力加上社会舆论，我和她终于‘分手’了，后来，我被父母送往外地的亲戚家读书，而她就从此没有了音讯。也许她已经成了那次‘早恋’的牺牲品，我呢？”

在这些事例的文字间，虽然没有过多地描述自己内心的痛苦，但从他们的经历中，可以感受到中学生面对多方面的压力所承受的心灵重创。在这个动荡不安的时期里，对异性的恋爱往往带有蒙眬、脆弱、不稳定的特点。绝大多数因经不起时间的考验而“分道扬镳，各奔前程”。在现实生活中，我们不难发现，中学时代谈恋爱往往以分手而告终，后来真能结为伴侣的为数极少。

中学生早恋的危害性是显而易见的。从生理上说，他们正处于青春发育期，从心理或思想上都属于尚未成熟的成长期。中学生思想敏锐、求知欲强、记忆力好，正是增长知识、开发智力的黄金时期。早恋常会占去不少学习时间，使学生精力分散，影响学习和进步。早恋也常使学生的思想和情绪处于波动状态，给中学生正确的学习和生活带来许多不良影响。另外，早恋中的中学生，有相当一部分同学对集体活动冷淡，与同学关系也逐渐疏远。因此，已经早恋的同学，应尽快地从早恋中解脱出来。要走出早恋，应注意以下几个方面：

首先，正确认识“早恋”的危害

要从思想上认识“早恋”的危害性和及时摆脱它的必要性。我们知道，中学时代是一个人长知识、长本领、奠定一生基础的关键时期，是求学的黄金时代。如果因过早恋爱分散了精力，就会断送自己的大好前程。此外，青少年并没有理解爱情的真谛，“早恋”带有明显的随意性、盲目性和不稳定性，因此恋爱的最终成功率几乎等于零。所以，要为自己和对方的前程与幸福着想，努力摆脱早恋的羁绊。

其次，选择适当的方法

感情的割舍不要过于简单从事，要讲究方法。首先要根据双方的性格特点和感情深度，选择恰当的表达自己意见的途径。如果对方性格较外向，对你的感情还不是很深，便可找机会直抒己见；如果对方内向，则可通过第三者，如对方的好友、师长等传达你的看法。其次可采取逐渐疏远法。如两人不在同一学校或居住相隔较远，可采取减少约会和通信，淡化感情交往的方式，时间一长，对方渐渐明白了你的意思，就会自然放弃。

再次，中断往来

从结束早恋的角度来说，男女同学间的友谊、好感都是正常的感情，只要把恋爱退回到好感或友谊，早恋也就结束了。但是，由于恋爱所唤起的情感是强烈的，而中学生的理智和抑制力相当有限，所以，要结束早恋，就得尽量避免两人单独在一起，暂时中止感情交流的一切渠道。经过感情的一段冻结过程，使理智对感情的控制成为习惯以后，再恢复正常交往，感情之树才不会故态复萌。

第四，转移情感

把时间和精力转移到紧张的学习和健康的课余爱好上去。多关心国家大事，多参加集体活动，多看一些文学名著、哲理性文章，多想想自己的进步，想想将来的事业，想想将来在复杂的社会里如何开拓和进取……这样，心胸和视野就会开阔，焕发出勃勃朝气。

最后，广交朋友

如果总和一个异性接触，天长日久就会生出另类感情。广泛交朋友就可避免单一的片面性，而且可以优化自己的性格，陶冶自己的性情。

总之，正在热恋的青少年，一定要早日摆脱情感的纠葛，及时投入到对理想、学业的追求中去。